Table des matières

INTRODUCTION 7
PREFACE PAR EMMANUEL MOYRAND   EXPERT IA ET WEB3 9
1. FONDEMENTS DE L'IA ET DE LA RSE 10
   1.1   INTRODUCTION 11
   1.2   SECTION 1 : QU'EST-CE QUE L'IA ? 11
       1.2.1   *Définition et histoire* 11
       1.2.2   *Les types d'IA* 12
       1.2.3   *Les définitions clés : clarification de termes fondamentaux* 12
       1.2.4   *Les applications de l'IA* 14
       1.2.5   *Quand et comment utiliser l'IA?* 15
   1.3   SECTION 2 : LA RESPONSABILITE SOCIETALE DES ENTREPRISES 17
       1.3.1   *Origines et évolution de la RSE* 17
       1.3.2   *Principes et pratiques* 17
       1.3.3   *Mesure de l'impact de la RSE* 17
       1.3.4   *Histoires d'entreprises pionnières en RSE* 18
   1.4   SECTION 3 : INTERSECTION DE L'IA ET DE LA RSE 19
       1.4.1   *IA Éthique* 19
       1.4.2   *Durabilité propulsée par l'IA* 19
       1.4.3   *Cas pratiques* 20
       1.4.4   *Cas pratiques détaillés* 20
       1.4.5   *Projection concrète : dialogue au sommet ; un futur éthique pour l'IA et la RSE* 21
   1.5   SECTION 3: CONCLUSION : LES HORIZONS PARTAGES DE L'IA ET DE LA RSE 22
   1.6   RESUME DES POINTS CLES 26
2. ÉTHIQUE ET IA 27
   2.1   INTRODUCTION 28
   2.2   PRINCIPES ETHIQUES EN IA 28
       2.2.1   *Autonomie* 28
       2.2.2   *Bienfaisance* 29
       2.2.3   *Non-Malfaisance* 29
       2.2.4   *Justice* 29
       2.2.5   *Responsabilité* 30
       2.2.6   *Points clés* 30
   2.3   DEVELOPPEMENT ET UTILISATION RESPONSABLES DE L'IA 31
       2.3.1   *Conception Transparente* 31
       2.3.2   *Gouvernance Éthique* 31
       2.3.3   *Éducation et Sensibilisation* 32
       2.3.4   *Une conception orientée utilisateur* 32
       2.3.5   *Des cadres réglementaires* 33
   2.4   ÉTUDES DE CAS : QUAND L'IA RENCONTRE L'ETHIQUE 33
       2.4.1   *Préjugés algorithmiques* 33
       2.4.2   *Surveillance et vie privée* 35
       2.4.3   *Autonomie des Véhicule* 36
   2.5   CONCLUSION 38
3. IA POUR LA DURABILITE 41
   3.1   INTRODUCTION: UNE CONVERGENCE POUR L'AVENIR 42

- 3.2 IA ET OBJECTIFS DE DEVELOPPEMENT DURABLE (ODD) 42
  - 3.2.1 Vers une synergie techno-durable 42
  - 3.2.2 Un catalyseur multidimensionnel 42
- 3.3 SECTION 3 INNOVATIONS IA POUR LA DURABILITE 43
- 3.4 DEFIS ET OPPORTUNITES 45
  - 3.4.1 Analyse critique 45
  - 3.4.2 Étude de cas : efficacité énergétique dans la métropole de Lyon 45
- 3.5 IA EN ACTION : CAS D'UTILISATION ENVIRONNEMENTALE 46
  - 3.5.1 Optimisation de la gestion de l'énergie 46
- 3.6 MESURER L'IMPACT DURABLE DE L'IA 49
  - 3.6.1 Introduction 49
  - 3.6.2 Indicateurs de performance environnementale 49
  - 3.6.3 Évaluation sociale 49
  - 3.6.4 Analyses de cycle de vie 50
  - 3.6.5 Indicateurs et évaluations 50
- 3.7 USES CASES SUR L'IMPACT DURABLE DE L'IA 51
- 3.8 CONCLUSION 53

4. IA ET IMPACTS SOCIETAUX 56

- 4.1 INTRODUCTION 57
- 4.2 ANALYSE D'IMPACT SOCIAL DE L'IA 57
  - 4.2.1 Introduction 57
  - 4.2.2 Influence sur les structures sociales 57
- 4.3 PERSONNALISATION VS DESHUMANISATION 59
  - 4.3.1 Étude de cas : amélioration des services publics par l'IA 59
  - 4.3.2 Modification des relations interpersonnelles 59
  - 4.3.3 Impact sur la communication et la communauté 59
- 4.4 MESURE DE L'IMPACT SOCIAL 60
  - 4.4.1 Outils et méthodologies 60
  - 4.4.2 Étude de cas : la ville de Z et l'IA 61
  - 4.4.3 Variables sociodémographiques 61
  - 4.4.4 Diversité de l'impact 61
  - 4.4.5 Récit d'innovation : projet Alpha 62
  - 4.4.6 Conclusion 62
- 4.5 IA DANS L'EDUCATION, LA SANTE ET L'ECONOMIE 63
  - 4.5.1 IA dans l'éducation : personnalisation de l'apprentissage 63
  - 4.5.2 IA en santé : amélioration des diagnostics et traitements 63
  - 4.5.3 IA en économie : stimulation de la productivité et de l'innovation 64
- 4.6 INTERCONNECTIVITE DES SECTEURS 66
  - 4.6.1 Impact sur l'éducation 66
  - 4.6.2 Impact sur l'économie 67
  - 4.6.3 Fonctionnement 67
  - 4.6.4 L'innovation croisée 68
  - 4.6.5 Les modèles systémiques 69
- 4.7 ÉQUILIBRER PROGRES ET PROTECTION SOCIALE 70
  - 4.7.1 Introduction 70
  - 4.7.2 Filets de sécurité pour l'automatisation 71
  - 4.7.3 Accès équitable aux avantages de l'IA 71
  - 4.7.4 Éducation et formation professionnelle 71
  - 4.7.5 Réflexion éthique dans le développement de l'IA 71
- 4.8 DEFIS ET SOLUTIONS 73
  - 4.8.1 Des solutions possibles englobent du soutien à la transition professionnelle ... 73

4.8.2	Narration et analyse	73
4.8.3	Conclusion	73

5. IA ET LE FUTUR DU TRAVAIL 77

- 5.1 INTRODUCTION 78
- 5.2 AUTOMATISATION, EMPLOI ET NOUVELLES COMPETENCES 78
- 5.3 EMPLOI ET AUTOMATISATION DANS LES CONTEXTES A EMPLOI INFORMEL PREDOMINANT 80
  - 5.3.1 Introduction 80
  - 5.3.2 Compréhension de l'emploi informel 80
  - 5.3.3 Impact de l'IA sur l'emploi informel 81
  - 5.3.4 Études de cas 81
  - 5.3.5 Risques et opportunités 81
  - 5.3.6 . Stratégies d'adaptation 81
  - 5.3.7 Politiques publiques 81
  - 5.3.8 Préparer l'avenir 82
  - 5.3.9 Conclusion 82
- 5.4 IA ET TRANSFORMATION DES LIEUX DE TRAVAIL 82
- 5.5 PREPARER LA MAIN-D'OEUVRE DE DEMAIN 83
  - 5.5.1 Éducation flexible et évolutive 83
- 5.6 CROISSANCE ECONOMIQUE ET IA DANS LES PAYS EN DEVELOPPEMENT 85
  - 5.6.1 Introduction 85
  - 5.6.2 Contexte économique des pays en développement 85
  - 5.6.3 Potentiel de l'IA pour la croissance 85
  - 5.6.4 Adoption de l'IA par les secteurs clés 85
  - 5.6.5 Barrières à l'adoption de l'IA 85
  - 5.6.6 5. Impact sur le Marché du Travail 85
  - 5.6.7 Exemples de réussite 85
  - 5.6.8 Rôle des politiques publiques 86
  - 5.6.9 Collaboration internationale 86
- 5.7 POLITIQUES DE SOUTIEN 86
- 5.8 POINTS CLES 87
- 5.9 PERSPECTIVES 88

6. CHAPITRE 6: GOUVERNANCE DE L'IA 90

- 6.1 INTRODUCTION 91
- 6.2 REGLEMENTATIONS ET POLITIQUES EN IA 91
  - 6.2.1 Cadre réglementaire global pour l'IA 91
  - 6.2.2 Approches réglementaires internationales 93
  - Cas pratique : les véhicules autonomes et le défi réglementaire 96
  - L' alignement d'une multinationale sur les principes de l'OCDE 98
  - 6.2.3 Résultats des politiques adaptatives et leur importance 99
- 6.3 NORMES ET CERTIFICATIONS EN IA ET RSE 100
  - 6.3.1 Cadre de normalisation pour l'IA et la RSE 100
  - 6.3.2 Certifications en éthique de l'IA : un levier pour l'innovation responsable 101
  - 6.3.3 Rôle des normes dans l'intégration de l'IA 103
- 6.4 ROLE DE LA GOUVERNANCE DANS L'INNOVATION RESPONSABLE 104
  - 6.4.1 Introduction 104
  - 6.4.2 Gouvernance et innovation responsable 104
    - 6.4.2.1 Prenons l'exemple de l'entreprise fictive "GreenAI Innovations 104
  - 6.4.3 Collaboration Multisectorielle 107
- 6.5 EXEMPLES D'INNOVATION RESPONSABLE 108
  - 6.5.1 Cas de startups innovantes 109
  - 6.5.2 Conclusion 109

- 6.5.3 Leçons clés de la gouvernance de l'IA 111
- 6.5.4 L'appel à l'action collaborative 112

7. TRANSPARENCE ET RESPONSABILITE EN IA 115
- 7.1 GOUVERNANCE ETHIQUE DE L'IA 116
  - 7.1.1 RGPD et protection des données 116
  - 7.1.2 Consentement éclairé : un pilier de l'éthique de l'IA 118
- 7.2 L'ACCES AUX DONNEES : PRATIQUES ET EXIGENCES 120
  - 7.2.1 Vers une gouvernance éthique des données 120
  - 7.2.2 Transparence et amélioration continue en IA 120
  - 7.2.3 Cadres juridiques et éthiques 121
- 7.3 RESPONSABILITE ET REDRESSABILITE EN IA 121
  - 7.3.1 les défis de la responsabilité dans l'IA 121
  - 7.3.2 Établir des mécanismes de redressement 123
  - 7.3.3 Trustworthy AI et auditabilité 125

8. INCLUSION ET ACCESSIBILITE 134
- 8.1 INTRODUCTION 135
- 8.2 IA SANS BIAIS : VISER L'INCLUSION 136
  - 8.2.1 L'impératif de l'inclusion : pourquoi une IA équitable est cruciale 136
  - 8.2.2 Éviter la discrimination par la conception : préventives et analyse de biais 136
  - 8.2.3 Diversité des données : assurer une collecte inclusive pour l'équité algorithmique 136
  - 8.2.4 Atténuation des biais systémiques : construire des modèles prédictifs justes 137
  - 8.2.5 Conclusion 137
- 8.3 CONCEPTION INCLUSIVE EN IA 138
  - 8.3.1 Principes de la conception inclusive : une approche holistique 138
  - 8.3.2 Impliquer la diversité des groupes : co-création et tables rondes inclusives 138
  - 8.3.3 Évaluation et tests diversifiés : valider l'inclusivité par des essais représentatifs 138
  - 8.3.4 Formation et sensibilisation : éduquer sur les biais et le design universel 139
  - 8.3.5 Normes et directives 139
  - 8.3.6 Conclusion 139
- 8.4 ÉVALUATION CONTINUE EN IA 140
  - 8.4.1 Importance de l'évaluation continue : maintenir l'intégrité de l'IA 140
  - 8.4.2 Mise en place de contrôles réguliers : audits de biais et révisions post-déploiement 140
  - 8.4.3 Méthodologies d'évaluation : standardiser l'évaluation pour la cohérence 140
  - 8.4.4 Correction des biais : actualiser les modèles pour l'équité 141
  - 8.4.5 Formation et sensibilisation 141
  - Utilisation de la technologie pour l'évaluation 141
  - 8.4.6 Conclusion 142
- 8.5 ACCESSIBILITE DE L'IA POUR TOUS 142
  - 8.5.1 L'Impératif de l'accessibilité en IA : élargir les bénéfices technologiques 142
  - 8.5.2 Design Universel en IA : principes pour une utilité étendue 142
  - 8.5.3 Technologies assistives et IA : renforcer l'autonomie par l'innovation 143
  - 8.5.4 Formation et sensibilisation pour une IA accessible : modules et ressources éducatives 143
  - 8.5.5 Conclusion 144
- 8.6 TECHNOLOGIES ASSISTIVES ET FORMATION EN IA 144
  - 8.6.1 Intégration de l'IA dans les technologies assistives : personnalisation et assistants virtuel 144
  - 8.6.2 Formation et sensibilisation à l'IA : programmes et ateliers accessibles 144
  - 8.6.3 Surmonter les barrières d'accès : évaluations de besoins et conception proactive 145
  - 8.6.4 Conclusion 145
- 8.7 CAS D'UTILISATION : IA ET REDUCTION DES INEGALITES 146
  - 8.7.1 Fondements de la transparence en IA 146
  - 8.7.2 La transparence comme prérequis à la responsabilité 147

    8.7.3   La Responsabilité en IA : défis et Impératifs.. *147*
    8.7.4   Perspectives d'avenir.. *148*

9. IA ET CONFIDENTIALITE **153**

  9.1   INTRODUCTION : L'INTEGRATION DE L'IA DANS NOTRE QUOTIDIEN 154
  9.2   PROTECTION DE LA VIE PRIVEE A L'ERE DE L'IA 154
    9.2.1   L'Intimité remodelée par les maisons intelligentes *154*
    9.2.2   Les assistants vocaux *155*
    9.2.3   L'analyse d'impact sur la vie privée (AIPV) : de la théorie à la pratique *155*
    9.2.4   Conception respectueuse de la vie privée *155*
    9.2.5   Minimisation des données : le minimum pour le maximum *155*
    9.2.6   Transparence utilisateur: clarté et contrôle *156*
  9.3   IMPERATIF DE LA CONFIDENTIALITE DANS LE DEVELOPPEMENT DE L'IA 156
    9.3.1   Vers une éthique de l'IA : la confidentialité comme pilier *156*
    9.3.2   Privacy by Design" : intégrer la vie privée dès la conception *157*
  9.4   DIVERSITE DES APPROCHES DE CONFIDENTIALITE DANS LES SECTEURS D'APPLICATION 157
    9.4.1   La Maison connectée : écoute active et confidentialité *157*
    9.4.2   La santé et le fitness à l'ère numérique : entre surveillance et sécurité *158*
    9.4.3   Réseaux Sociaux : publicité, données personnelles et contrôle utilisateur *158*
    9.4.4   Personnalisation et confidentialité dans les services de streaming *158*
    9.4.5   La reconnaissance faciale : surveillance et consentement *158*
    9.4.6   CRM et IA : gérer la relation client tout en préservant l'Intimité *158*
    9.4.7   La conduite autonome : sécurité, efficacité et données privées *159*
  9.5   CADRES REGLEMENTAIRES ET CONFORMITE 159
    9.5.1   RGPD : une révolution réglementaire pour l'IA *159*
    9.5.2   Les principes réglementaires comme tissu de la protection de la vie privée *159*
  9.6   MESURES DE PROTECTION DANS LES SYSTEMES D'IA 160
    9.6.1   L'analyse d'impact sur la vie privée : une étape proactive *161*
    9.6.2   La conception respectueuse de la vie privée et la transparence utilisateur *161*
  9.7   DEFIS DE LA VIE PRIVEE DANS L'IA 162
    9.7.1   Naviguer la complexité technique de l'IA *162*
    9.7.2   L'équilibre entre innovation et confidentialité : un exercice d'équilibriste *162*
  9.8   PRATIQUES DE CONFIDENTIALITE ET DE SECURITE DANS L'IA 163
    9.8.1   Principes de minimisation des données et techniques de pseudonymisation *163*
    9.8.2   IA et Sécurité des Données Personnelles *164*
    9.8.3   Défis et solutions pour la confidentialité des données en IA *166*

10. PERSPECTIVES FUTURES EN IA ET RSE **170**

  10.1   INTRODUCTION 171
  10.2   LES TENDANCES EMERGENTES EN IA ET LEUR IMPACT SOCIETAL 171
    10.2.1   L'IA explicative dans le secteur médical *171*
    10.2.2   L'accès démocratisé à l'IA : innovation dans l'éducation *172*
    10.2.3   Vers une IA durable : l'engagement de GreenFoot *172*
  10.3   IA EXPLICATIVE: TRANSPARENCE ET CONFIANCE 172
  10.4   IA DEMOCRATISEE: ACCES ET EQUITE 173
  10.5   IA ÉTHIQUE ET DURABLE : ALIGNEMENT SUR LES VALEURS HUMAINES 173
  10.6   RSE COMME MOTEUR D'INNOVATION EN IA 174
    10.6.1   Convergence IA-RSE : l'Innovation verte chez GreenHarvest *174*
    10.6.2   Partenariats stratégiques: TechForGood et FeedTheFuture *174*
  10.7   STRATEGIES DE CONVERGENCE IA-RSE 174
  10.8   PREPARATION D'UNE STRATEGIE IA-RSE POUR L'AVENIR 175

11. CONCLUSION GENERALE **177**

12.	EXERCICES INTERACTIFS ET LEURS SOLUTIONS	179
12.1	Objectifs pedagogiques	180
12.2	Types d'exercices proposes	180
12.3	Exercice 1 : etude de Cas - IA pour l'equite en sante	181
12.4	Exercice 2 : quiz sur la RSE et l'IA	181
12.5	Exercice 3 : simulation - Gestion de Crise IA	182
12.6	Exercice 4: Jeu de Role - Negociation de Partenariat	182
13.	INTERVIEW AVEC EMMANUEL MOYRAND, EXPERT EN IA ET ÉTHIQUE	183
14.	REFERENCES ET SOURCES	184

INTRODUCTION

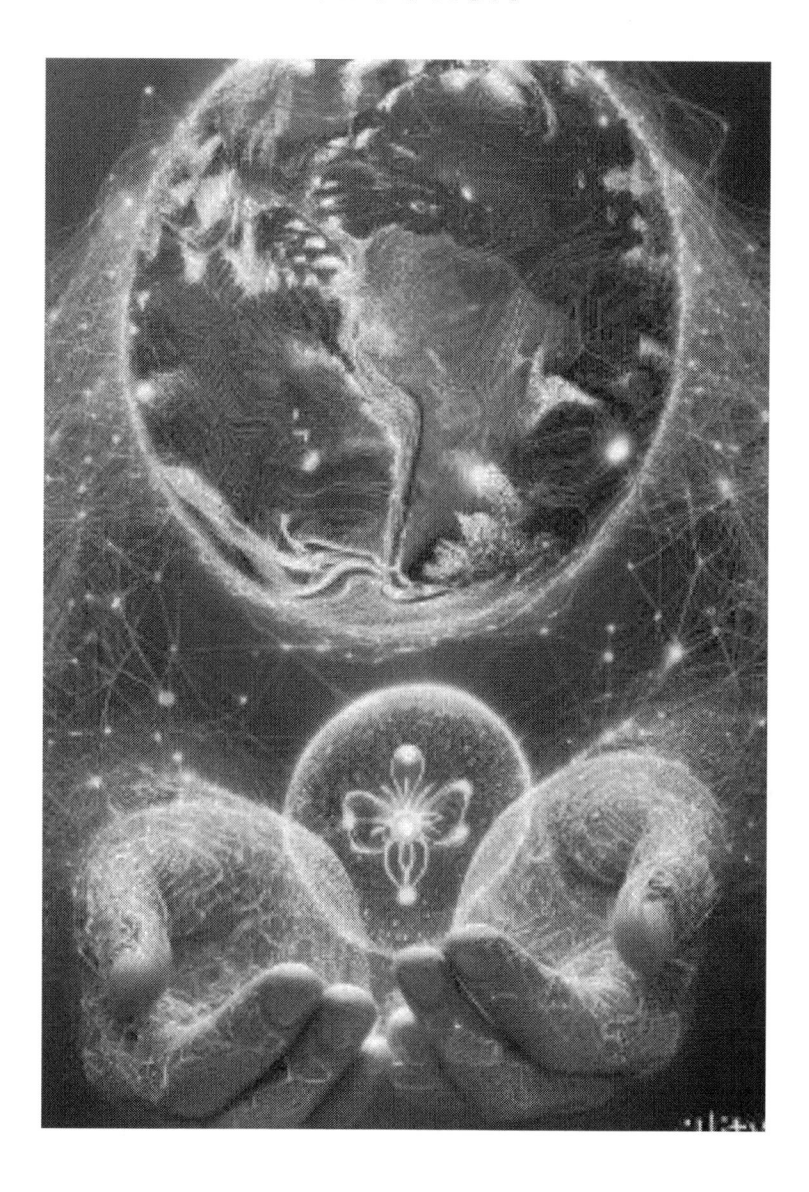

À l'aube d'une nouvelle ère, l'intelligence artificielle (IA) bouleverse nos vies, redéfinit nos structures sociales et transforme nos écosystèmes. Mais face à cette expansion mondiale, sommes-nous prêts à embrasser pleinement les implications éthiques de l'IA ?

Alors qu'elle débloque des potentialités inédites, l'IA nous confronte à des choix déterminants pour notre avenir. Comment allier cette progression éclair avec les impératifs de la Responsabilité Sociétale des Entreprises (RSE) pour créer des outils qui, au-delà de l'efficacité, cultivent notre intégrité et notre devoir envers demain ?

Destiné aux acteurs de l'IA et de la RSE, ce guide sonde ce carrefour essentiel, traçant la voie vers un futur responsable et éthique. À travers un langage alliant technicité et clarté, nous exposons des études de cas concrètes, des dialogues imaginés avec des spécialistes, et des visualisations qui donnent vie aux enjeux.

« La machine ne vaut que par les principes qui la dirigent », affirmait Ada Lovelace.

En écho à cette maxime, nous œuvrons pour une IA alignée sur nos valeurs les plus profondes. Notre voyage à travers ces pages vous dotera des savoirs, compétences et de l'élan nécessaire pour appréhender l'IA contemporaine. Abordons ensemble les normes éthiques, les pratiques durables et les cadres réglementaires qui façonnent cette technologie de rupture.

Sommaire des chapitres :

Chapitres 1 à 3 : fondements de l'IA et RSE – les enjeux éthiques et la quête de durabilité.

Chapitres 4 à 6 : le poids social de l'IA et la gouvernance vitale à son encadrement.

Chapitres 7 à 9 : transparence, inclusivité et protection dans l'IA.

Chapitre 10 : horizons futurs – décrypter les tendances émergentes pour une IA harmonieuse et attentive.

Embarquons dans un voyage vers l'IA responsable et la responsabilité sociétale, un guide pour les innovateurs souhaitant façonner un avenir où la technologie s'allie à l'humanité dans la quête de l'équité et de la durabilité.

PREFACE PAR EMMANUEL MOYRAND
EXPERT IA ET WEB3

Dans le croisement fertile et complexe de l'Intelligence Artificielle (IA) et de la Responsabilité Sociétale des Entreprises (RSE), nous assistons à l'aube d'une nouvelle ère. Une ère où l'innovation technologique est inextricablement liée à une conscience éthique profonde. C'est avec une profonde révérence pour cette conjoncture que je vous présente ce guide essentiel pour ceux qui sont prêts à façonner l'avenir de l'IA et de la RSE.

Ayant été un acteur de première ligne dans l'essor de l'IA, je porte en moi le témoignage vivant de son potentiel transformatif. J'ai vu l'IA redéfinir nos industries, nos économies et nos interactions sociales. Plus encore, j'ai la conviction qu'elle peut incarner et propulser les principes de la RSE. Ce manuel est un voyage à travers l'utilisation de l'IA pour dénouer les enjeux sociaux, alléger notre empreinte écologique et forger une société plus équitable.

Nous nous trouvons à un tournant décisif. Les choix que nous faisons en tant que professionnels, décideurs et citoyens ne déterminent pas seulement le présent de l'IA, mais également son héritage pour l'avenir. Ce guide est une immersion dans les défis et opportunités de cette intersection, où les aspects techniques de l'IA se fondent avec l'impératif de la RSE.

En tant qu'expert, j'ai toujours milité pour une IA guidée par la conscience, l'équité et la durabilité. Les pages à venir consolident cette approche, offrant des stratégies réalistes et des insights qui transcendent la théorie pour toucher l'essence de la pratique. Vous y trouverez une boussole pour naviguer dans les méandres de l'éthique en IA, ainsi que des histoires vécues illustrant l'utilisation de l'IA pour le bien collectif.

Je vous invite à entreprendre ce périple à travers ce manuel, en méditant sur l'essence et le but de l'IA dans notre société. Soyons les gardiens vigilants de demain, assurant que notre quête d'innovation reste inséparable de notre devoir envers la responsabilité sociale et environnementale.

Rejoignez-moi dans cette odyssée, poussons ensemble les limites du possible, tout en restant fidèles aux principes qui garantissent que la technologie enrichit finalement l'humanité. Que ce manuel devienne votre allié dans la poursuite de cette quête noble et cruciale.

Emmanuel MOYRAND

1. FONDEMENTS DE L'IA ET DE LA RSE

1.1 Introduction

Imaginez une petite ville côtière où la pêche est le cœur de la communauté. Un jour, une entreprise locale innovante décide d'utiliser l'IA pour prédire les mouvements des bancs de poissons, améliorant ainsi l'efficacité de la pêche tout en réduisant le gaspillage et la surpêche. En quelques mois, la pêche devient non seulement plus productive mais aussi plus durable. Cette transformation n'est pas le fruit du hasard mais le résultat d'une convergence puissante entre l'IA et la RSE, un aperçu de ce que l'avenir pourrait nous réserver si nous utilisons la technologie de manière consciente et responsable.

Dans le monde entier, des histoires similaires émergent, mettant en lumière l'urgence et la pertinence de l'IA et de la RSE dans notre monde contemporain. Récemment, une grande entreprise technologique a utilisé l'IA pour optimiser ses centres de données, réduisant ainsi ses émissions de carbone de manière significative. Dans un autre cas, une start-up a développé un système d'IA pour trier les déchets recyclables avec une précision et une efficacité jamais vues auparavant, transformant notre lutte contre la pollution plastique.

Ces exemples ne sont que la pointe de l'iceberg. À mesure que l'IA se développe, elle offre des possibilités illimitées pour les entreprises qui embrassent la RSE non comme une contrainte, mais comme un tremplin vers l'innovation et un avenir durable. Ce premier chapitre pose les bases de ces deux domaines et explore leur intersection cruciale, un lieu où l'éthique rencontre la technologie et où chaque décision peut façonner l'avenir de notre planète.

1.2 Section 1 : qu'est-ce que l'IA ?

Imaginez l'IA comme une entité évolutive, un personnage aux multiples facettes qui a grandi et s'est développé au fil des décennies. Au départ, ce personnage était un simple concept dans l'esprit des visionnaires et des conteurs, mais il est devenu au fil du temps une réalité tangible, influençant presque tous les aspects de notre existence.

1.2.1 Définition et histoire

L'IA, ou Intelligence Artificielle, est comme un enfant prodige de la technologie, doté d'une capacité impressionnante à apprendre et à s'adapter. Cet « enfant » a commencé par des gestes simples, comme résoudre des équations ou jouer aux échecs, et a évolué pour maîtriser des tâches de plus en plus complexes, telles que la conduite de voitures ou la rédaction d'articles.

1.2.2 Les types d'IA

Au fil de son évolution, notre « personnage » a développé différentes « personnalités » :

L'IA Faible et l'IA Forte : l'IA faible est le spécialiste, celui qui excelle dans une tâche spécifique, comme Siri qui nous aide à organiser notre journée. L'IA forte, en revanche, est le polymathe, le penseur universel, qui reste encore dans les royaumes de notre imagination et de nos laboratoires de recherche.

L'IA Spécialisée et l'IA Générale : l'IA spécialisée est le consultant expert, brillant dans son domaine, que ce soit pour poser un diagnostic médical ou recommander la prochaine série à regarder. L'IA générale est le généraliste, celui qui aspire à maîtriser tous les domaines de connaissance, une ambition qui nous pousse à avancer.

Timeline of AI Development

1940s	1950	1951	1980s	2006 onwards
Origins of AI	Turing Test Concept	First AI Program	Machine Learning	Deep Learning Revolution

1.2.3 Les définitions clés : clarification de termes fondamentaux

1. Apprentissage machine (Machine Learning) : c'est une branche de l'intelligence artificielle qui permet à un système d'apprendre et de s'améliorer à partir de données sans être explicitement programmé pour cela. L'apprentissage machine utilise des algorithmes pour analyser des données, apprendre de ces données, et faire des prédictions ou prendre des décisions en se basant sur ce qu'il a appris.

   Exemple : un système de recommandation de produits sur un site de e-commerce utilise l'apprentissage machine pour personnaliser les suggestions selon l'historique de navigation et les achats antérieurs des utilisateurs.

2. Deep Learning (Apprentissage profond) : c'est une sous-catégorie spécifique de l'apprentissage machine qui implique des réseaux de neurones avec de nombreuses couches, ou "profondes". Ces réseaux sont capables de découvrir des structures complexes dans de grandes quantités de données et sont souvent utilisés pour reconnaître des patterns à différents niveaux d'abstraction.

Exemple : la reconnaissance vocale utilisée dans les assistants virtuels comme Siri ou Google Assistant est rendue possible grâce au deep learning, qui traite et interprète les nuances de la parole humaine.

3. Traitement automatique du langage naturel (TALN ou NLP pour Natural Language Processing en anglais) : c'est une autre branche de l'intelligence artificielle qui se concentre sur l'interaction entre les ordinateurs et le langage humain. Le NLP vise à comprendre, interpréter et manipuler le langage naturel pour permettre aux machines de comprendre et de répondre à des textes et à des paroles en langage humain d'une manière qui soit naturelle et utile.

Exemple : les chatbots utilisent le NLP pour comprendre les requêtes des utilisateurs et fournir des réponses pertinentes, facilitant ainsi le service client automatisé.

L'intelligence artificielle (IA) est aujourd'hui l'un des moteurs les plus dynamiques de l'innovation et de la croissance économique. Voici une présentation des statistiques actuelles et des projections qui illustrent l'impact croissant de l'IA sur l'économie mondiale :

1. Croissance du marché de l'IA : selon les études de marché, le secteur de l'IA connaît une croissance exponentielle. Les estimations indiquent que le marché mondial de l'IA, évalué à environ 327,5 milliards de dollars en 2021, pourrait atteindre plus de 500 milliards de dollars d'ici 2024, témoignant d'un taux de croissance annuel composé (CAGR) significatif.

2. Investissements dans l'IA : les investissements en capital-risque dans les startups d'IA ont également connu une augmentation substantielle, avec des records de financement dépassant les 40 milliards de dollars sur une seule année, prouvant la confiance et l'optimisme du marché à l'égard de cette technologie.

3. Adoption par l'industrie : des industries variées, de la finance à la santé, en passant par le transport et la production, adoptent l'IA pour améliorer l'efficacité, réduire les coûts et créer de nouveaux produits et services. Par exemple, l'adoption de l'IA dans le secteur de la santé devrait générer jusqu'à 150 milliards de dollars d'économies annuelles pour l'économie américaine d'ici 2026.

4. Impact sur l'emploi : il est projeté que l'IA pourrait également contribuer à une augmentation nette de l'emploi, avec la création de 2 millions de nouveaux emplois d'ici 2025. Ces emplois seront en grande partie le résultat de nouvelles opportunités et de la nécessité de gérer et superviser les systèmes d'IA.

5. Productivité et PIB : l'impact de l'IA sur la productivité pourrait doubler les taux de croissance économique dans certaines économies avancées au cours des prochaines décennies. Le PIB de certains pays pourrait bénéficier d'un coup de pouce supplémentaire de 14 % d'ici 2030 grâce à l'IA.

Ces statistiques et projections mettent en lumière non seulement la croissance rapide et l'adoption de l'IA, mais aussi son rôle potentiel en tant que catalyseur clé pour l'innovation et la compétitivité économique à l'échelle mondiale.

1.2.4 Les applications de l'IA

Chacune de ces « personnalités » d'IA a trouvé sa place dans notre monde :

- L'IA faible s'est révélée être un assistant fidèle dans les smartphones et les enceintes intelligentes, tandis que les systèmes de reconnaissance d'image nous aident à trier des milliards de photos chaque jour.
- L'IA spécialisée brille dans les hôpitaux, où elle assiste les médecins dans l'interprétation des images médicales, et dans les voitures, où elle devient progressivement le chauffeur ultime avec la promesse des véhicules autonomes.
- L'IA forte et générale, bien qu'encore embryonnaires, nous invitent à rêver d'un futur où les machines comprendront et interagiront avec le m nde aussi naturellement qu'un humain
- L'IA faible : l'assistant personnel de santé

Prenez l'exemple d'un assistant virtuel de santé développé par une startup en biotechnologie. Ce système utilise l'IA faible pour aider les patients diabétiques à gérer leur condition. Il analyse les niveaux de glucose en temps réel et donne des recommandations personnalisées sur l'alimentation et l'exercice. Le succès de ce système réside dans sa capacité à apprendre des habitudes individuelles et à fournir des conseils sur mesure, démontrant comment l'IA faible peut avoir un impact significatif sur la qualité de vie des personnes.

L'IA forte : l'exploration spatiale autonome

Imaginez un futur proche où une mission spatiale autonome vers Mars est dirigée par une IA forte. Bien que nous n'en soyons pas encore là, les chercheurs travaillent sur des systèmes qui pourraient prendre des décisions autonomes lors de l'exploration spatiale. Ces systèmes devraient être capables de gérer des imprévus, d'effectuer des réparations et de conduire des expériences sans intervention humaine, poussant les frontières de l'IA vers ce qui a longtemps été considéré comme de la science-fiction.

L'IA spécialisée : optimisation de la chaîne d'approvisionnement

Dans le secteur de la logistique, une grande entreprise de commerce électronique a intégré l'IA spécialisée pour optimiser sa chaîne d'approvisionnement. Grâce à des algorithmes avancés, l'entreprise peut prédire les achats, ajuster les stocks en temps réel et optimiser les itinéraires de livraison. Cette utilisation de l'IA spécialisée a permis de réduire les délais de livraison, d'améliorer l'efficacité opérationnelle et de minimiser l'impact environnemental en réduisant les trajets inutiles.

L'IA générale : la vision d'un futur intégré

Même si l'IA générale reste un objectif lointain, des projets de recherche ambitieux cherchent à développer des systèmes qui peuvent comprendre et apprendre de n'importe quel domaine. Un tel système pourrait, par exemple, assister dans la recherche médicale le matin et aider à résoudre des crises climatiques l'après-midi. Bien que nous n'ayons pas encore d'exemples concrets d'IA générale, l'anticipation de ses capacités transforme la manière dont nous envisageons l'avenir de la technologie et de l'humanité.

Résumé des points clés :

- L'IA englobe un large éventail de technologies visant à simuler l'intelligence humaine.
- La progression rapide de l'IA indique son importance croissante dans le monde moderne.

1.2.5 Quand et comment utiliser l'IA ?

Nous allons ici comparer et contraster l'apprentissage machine (ML) et le deep learning (DL), en soulignant leurs différences et similitudes. Cela peut aider à clarifier pourquoi et quand utiliser une approche plutôt qu'une autre.

Similitudes entre ML et DL :

1. Fondements théoriques : le DL est une sous-catégorie du ML. Ils partagent des principes fondamentaux d'apprentissage à partir de données.

2. Amélioration basée sur les données : les deux approches s'améliorent avec des données de qualité et en quantité suffisante.

3. Automatisation de la prédiction : ils visent tous deux à automatiser la prise de décision en apprenant des modèles prédictifs.

4. Utilisation des réseaux de neurones : le DL utilise des réseaux de neurones, qui sont également utilisés dans certains aspects du ML traditionnel, bien que de manière moins complexe.

Différences entre ML et DL :

1. Complexité des modèles : le DL utilise des réseaux de neurones profonds avec de nombreuses couches, tandis que le ML peut utiliser des modèles plus simples comme les régressions linéaires ou les arbres de décision.
2. Volume de données : le DL nécessite généralement de plus grandes quantités de données pour bien fonctionner par rapport aux méthodes traditionnelles de ML.
3. Puissance de calcul : le DL exige souvent des ressources de calcul plus importantes, comme les GPU, pour traiter les réseaux de neurones profonds.
4. Interprétabilité : les modèles de ML sont souvent plus faciles à interpréter que ceux du DL, qui sont considérés comme des "boîtes noires" en raison de leur complexité.
5. Temps d'entraînement : les modèles de DL prennent généralement plus de temps à être entraînés que ceux de ML traditionnel.
6. Performance avec des données non structurées : le DL excelle particulièrement avec des données non structurées comme les images et le langage naturel, où il peut automatiquement détecter des caractéristiques complexes.

Quand utiliser ML ou DL :

- ML est préférable lorsque :
    - Les données sont limitées.
    - La compréhension et l'interprétabilité du modèle sont critiques.
    - La puissance de calcul est un facteur limitant.
    - On a besoin de solutions plus simples et plus rapides à mettre en œuvre.
- DL est préférable lorsque :
    - On dispose d'une grande quantité de données d'entraînement.
    - Les tâches impliquent des données non structurées, comme la reconnaissance d'image, le traitement du langage naturel ou la génération de contenu.
    - La complexité des caractéristiques à modéliser est élevée.
    - On dispose des ressources nécessaires pour gérer la puissance de calcul et le temps d'entraînement.

1.3 Section 2 : la Responsabilité Sociétale des Entreprises

1.3.1 Origines et évolution de la RSE

La Responsabilité Sociétale des Entreprises (RSE) est un concept qui incarne l'idée que les entreprises ne doivent pas seulement être préoccupées par les profits, mais aussi par l'impact de leurs opérations sur la société et l'environnement. Les racines de la RSE remontent à l'ère industrielle, où certains industriels philanthropiques ont commencé à se soucier du bien-être de leurs employés. Cependant, ce n'est que dans les années 1950 que la RSE a commencé à prendre forme comme une théorie formelle, et elle s'est considérablement développée depuis lors.

Au 21ème siècle, la RSE est devenue une composante stratégique essentielle pour les entreprises conscients de leur impact global. Elle est passée d'une initiative souvent considérée comme une dépense supplémentaire à un élément central des stratégies de développement durable des entreprises. La RSE moderne comprend une gamme d'activités telles que l'éthique des affaires, la contribution au développement économique, l'amélioration de la qualité de vie des employés et de la communauté, et la préservation de l'environnement pour les générations futures.

1.3.2 Principes et pratiques

Les principes de la RSE sont guidés par la notion que les entreprises doivent fonctionner d'une manière qui est à la fois éthique et contribue au bien-être économique, social, et environnemental. Les pratiques de la RSE peuvent varier considérablement entre les entreprises et les industries, mais elles se fondent généralement sur les principes suivants :

- Durabilité : assurer que les opérations de l'entreprise sont durables à long terme, non seulement d'un point de vue financier, mais aussi écologique et social.
- Éthique des affaires : agir avec intégrité et transparence, en respectant les lois et en allant souvent au-delà des exigences légales pour embrasser des comportements moraux et éthiques.
- Engagement communautaire : contribuer positivement aux communautés dans lesquelles l'entreprise opère, que ce soit à travers le bénévolat, le financement de programmes éducatifs, ou le soutien à des initiatives locales.

1.3.3 Mesure de l'impact de la RSE

La mesure de l'impact de la RSE est vitale pour évaluer l'efficacité des initiatives prises. Les entreprises utilisent divers indicateurs et outils pour quantifier cet impact, y compris :

- Rapports de durabilité : des documents qui détaillent les efforts de l'entreprise en matière de durabilité et l'impact de ses opérations sur l'environnement et la société.

- Indicateurs de performance : des mesures spécifiques, telles que l'empreinte carbone, la satisfaction des employés, et l'impact social, qui aident à évaluer les progrès vers les objectifs de RSE.
- Certifications et labels : des reconnaissances tierces, comme les certifications ISO ou le label B Corp, qui valident les pratiques de RSE d'une entreprise.

À travers ces mesures, les entreprises peuvent non seulement surveiller et améliorer leurs efforts de RSE, mais aussi communiquer ces progrès à leurs parties prenantes, y compris les clients, les employés, les investisseurs et le grand public. La RSE ne se limite pas à des actions isolées mais englobe une approche intégrée et stratégique, cherchant à créer une valeur durable pour tous.

1.3.4 Histoires d'entreprises pionnières en RSE

- Patagonia - L'Engagement écologique

Patagonia, la marque de vêtements de plein air, est reconnue pour ses initiatives de RSE depuis ses débuts. L'entreprise a mis en place un programme de recyclage de ses vêtements et encourage activement ses clients à acheter moins et à réparer plus. Patagonia a également lancé une campagne publicitaire intitulée « Ne nous achetez pas », qui souligne son engagement envers la durabilité en encourageant la consommation responsable. En partageant leur histoire, on illustre l'importance de l'alignement des valeurs de l'entreprise avec ses actions.

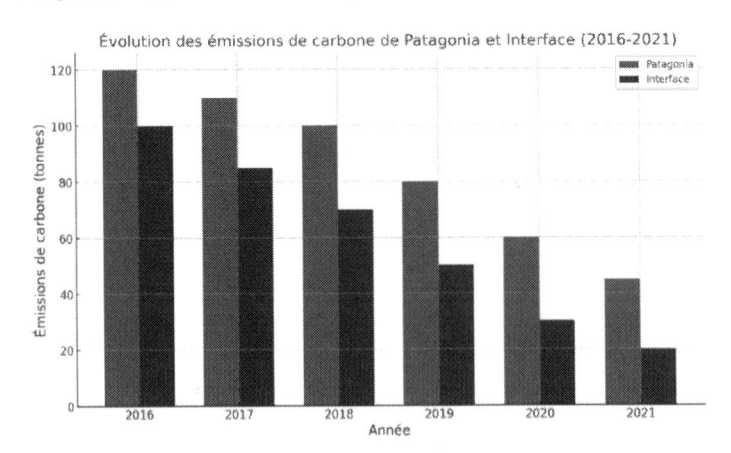

Évolution des émissions de carbone de Patagonia et Interface (2016-2021)

- Interface - Révolution dans le secteur du revêtement de sol

Interface est un exemple de transformation industrielle menée par la RSE. Cette entreprise de carrelage a entrepris un voyage vers la durabilité en 1994, appelé « Mission Zero », avec l'objectif de n'avoir aucun impact négatif sur l'environnement d'ici 2020. Elle a investi dans des technologies de recyclage, réduit ses déchets et ses émissions de carbone, et s'est engagée dans le commerce équitable. L'histoire d'Interface montre qu'un engagement sérieux envers la RSE peut entraîner des changements industriels profonds et durables

1.4 Section 3 : intersection de l'IA et de la RSE

1.4.1 IA Éthique

L'IA éthique est devenue un domaine critique en réponse aux préoccupations croissantes sur les implications morales et sociales des technologies avancées. Une IA éthique requiert la conception de systèmes qui non seulement respectent les droits humains fondamentaux mais qui favorisent également des valeurs telles que la justice, l'équité et l'inclusion. Les défis de développer une IA éthique sont nombreux et complexes. Ils incluent l'identification et la minimisation des biais algorithmiques, la protection de la vie privée, la transparence des processus décisionnels de l'IA, et la mise en place de mécanismes de responsabilisation.

Pour relever ces défis, des initiatives comme le développement de principes éthiques pour l'IA par des organisations telles que l'OCDE ou l'IEEE, l'implémentation de cadres de gouvernance et l'établissement de normes pour le développement d'IA sont essentiels. Ces efforts visent à garantir que l'IA soit déployée de manière responsable et qu'elle contribue positivement à la société.

1.4.2 Durabilité propulsée par l'IA

L'IA peut être un moteur puissant pour la durabilité. Elle peut améliorer l'efficacité énergétique, optimiser les chaînes d'approvisionnement, et permettre la surveillance de l'environnement à grande échelle. Par exemple, l'IA est utilisée pour prédire la demande en électricité et optimiser l'allocation des ressources énergétiques renouvelables, réduisant ainsi l'empreinte carbone.

La durabilité est une préoccupation mondiale qui s'étend bien au-delà des politiques environnementales traditionnelles. Dans ce contexte, l'IA s'avère être un catalyseur puissant pour atteindre des objectifs de développement durable (ODD). L'utilisation de l'IA dans les stratégies de durabilité ne se limite pas à l'optimisation des ressources ou à la réduction des déchets ; elle englobe également l'amélioration de la qualité de vie humaine et la prise de décision éclairée basée sur des données complexes.

Analyse des données pour la durabilité

L'IA permet une analyse des données environnementales à une échelle et une précision inégalées. Par exemple, les systèmes d'IA sont utilisés pour surveiller les changements climatiques en analysant les données satellitaires, pour prédire la consommation d'énergie et optimiser l'efficacité énergétique dans les bâtiments, et pour développer des systèmes agricoles intelligents qui maximisent les rendements tout en minimisant l'impact sur l'environnement.

Innovations révolutionnaires

Des avancées révolutionnaires émergent là où l'IA rencontre la durabilité. Les véhicules autonomes promettent de réduire les embouteillages et les émissions de carbone. L'IA dans la gestion des ressources en eau peut entraîner une distribution plus efficace et une réduction significative du gaspillage. Dans l'industrie manufacturière, l'IA contribue à la création de processus de production circulaires qui réutilisent les matériaux et réduisent les déchets.

1.4.3 Cas pratiques

- **IA et gestion énergétique** : une entreprise de technologie a déployé l'IA pour surveiller et gérer la consommation d'énergie dans ses bureaux mondiaux. En utilisant des données en temps réel et des algorithmes prédictifs, ils ont pu réduire leur consommation d'énergie de 20 % en un an.

- **IA pour la conservation de la biodiversité** : une ONG environnementale utilise l'IA pour analyser les données audio recueillies dans les forêts tropicales. Cette analyse permet d'identifier les espèces en danger et de mieux comprendre les modèles de biodiversité, ce qui aide à la conservation ciblée des habitats.

- **IA dans la chaîne d'approvisionnement** : un grand détaillant a intégré l'IA dans sa chaîne d'approvisionnement pour prédire la demande et optimiser les niveaux de stock, réduisant ainsi le gaspillage de produits et améliorant l'efficacité opérationnelle.

1.4.4 Cas pratiques détaillés

- IA et gestion énergétique : l'histoire de Neo-Energy

Chez Neo-Energy, une entreprise tech pionnière dans le secteur énergétique, le défi était de taille : réduire la consommation énergétique des data centers disséminés à travers le monde. L'innovation est venue de leur équipe IA, dirigée par Maya, une ingénieure passionnée par le développement durable. En développant un algorithme d'apprentissage automatique, elle et son équipe ont pu modéliser la consommation d'énergie et optimiser l'utilisation des ressources, entraînant une réduction de 20 % en un an. Ce récit pourrait décrire le parcours de Maya, les défis techniques, les réunions d'équipe, et enfin, la réussite et l'impact de leur travail.

- IA pour la conservation de la biodiversité : le projet GreenVoice

Le Projet GreenVoice, mené par une ONG environnementale, utilise l'IA pour surveiller la biodiversité dans les forêts tropicales. L'équipe, conduite par le Dr. Alex, utilise des enregistrements audio pour détecter et suivre les espèces en danger. Les données recueillies par des microphones disséminés dans la jungle sont analysées par un système d'IA capable de reconnaître les appels spécifiques des animaux menacés. Le récit pourrait suivre le Dr. Alex sur le terrain, illustrant les défis de la collecte de données et l'excitation des découvertes permises par l'IA.

- IA dans la chaîne d'approvisionnement : vers un avenir sans déchet

Une grande chaîne de magasins, ÉcoStore, a intégré l'IA pour transformer sa chaîne d'approvisionnement. En utilisant des prédictions de demande générées par l'IA, ils ont pu réduire les excédents de stock et le gaspillage de produits. L'histoire pourrait se concentrer sur la transformation de l'entreprise, en suivant le parcours de Sara, la responsable de la chaîne d'approvisionnement, qui a dirigé le projet. Cela montrerait comment une entreprise peut devenir plus efficace et durable grâce à l'IA.

Ces exemples illustrent comment l'intégration de l'IA dans les stratégies de RSE peut non seulement améliorer la performance environnementale des entreprises mais aussi ouvrir la voie à des pratiques commerciales plus intelligentes et plus durables. La convergence de l'IA et de la RSE est donc non seulement souhaitable mais essentielle pour une société durable et technologiquement avancée.

1.4.5 Projection concrète : dialogue au sommet ; un futur éthique pour l'IA et la RSE

Contexte : un auditorium lumineux, quatre experts s'assoient sur scène devant un public de professionnels de l'industrie et d'activistes en RSE. Une modératrice anime la discussion.

Modératrice (Claire) : bonjour à tous et bienvenue à ce panel passionnant où nous explorons les intersections de l'IA et de la RSE. Aujourd'hui, nous avons avec nous Jean, expert en IA éthique; Sophie, spécialiste de la durabilité en entreprise; Marc, avocat spécialisé dans la technologie et les données; et Lina, chercheuse en biais algorithmiques. Commençons par la transparence de l'IA. Jean, quel est le rôle de la transparence dans l'IA éthique ?

Jean (expert en IA éthique) : merci, Claire. La transparence est fondamentale. Elle nous permet de comprendre comment les décisions sont prises par les systèmes d'IA. Sans elle, il est impossible d'assurer que l'IA agit conformément à nos valeurs éthiques. Cela signifie ouvrir nos algorithmes à des audits, partager nos méthodes et, lorsque c'est possible, nos ensembles de données.

Sophie (spécialiste RSE) : Jean a raison. Dans le cadre de la RSE, la transparence n'est pas seulement technique, elle est aussi sociale. Nous devons communiquer nos démarches éthiques aux parties prenantes pour construire une confiance mutuelle. La transparence dans l'IA doit être jumelée à la transparence des intentions de l'entreprise.

Marc (avocat spécialisé en tech) : je voudrais ajouter un point légal ici. La transparence est également une exigence réglementaire dans de nombreux domaines. Le RGPD, par exemple, introduit des notions de transparence pour les utilisateurs affectés par des systèmes automatisés.

Lina (chercheuse en biais algorithmiques) : c'est un bon point, Marc. Cela nous amène naturellement à l'éthique des données. Nous savons que les données alimentent l'IA, mais comment pouvons-nous nous assurer qu'elles sont utilisées éthiquement?

Sophie : les données doivent être collectées et utilisées de manière responsable. Cela signifie obtenir un consentement éclairé, garantir la protection de la vie privée et être clair sur la finalité de leur utilisation. Les entreprises doivent adopter une approche centrée sur les droits de l'homme pour la gestion des données.

Jean : et pour cela, les cadres de gouvernance en matière de données sont cruciaux. Nous devons mettre en place des processus qui garantissent que les données ne sont pas seulement collectées et utilisées légalement, mais aussi équitablement.

Marc : l'éthique des données n'est pas statique. Elle évolue avec la technologie et la société. Les lois actuelles pourraient ne pas être suffisantes demain, d'où l'importance de l'adaptabilité et de la mise à jour continue de nos cadres légaux et éthiques.

Lina : en parlant d'évolution, les biais de l'IA sont un problème persistant. Comment pouvons-nous concevoir l'IA pour éviter les biais et promouvoir l'équité?

Jean : c'est l'un des plus grands défis de l'IA. Éviter les biais commence par la reconnaissance de leur existence. Nous devons diversifier nos équipes de développement et inclure des perspectives multiples dès la conception des systèmes.

Lina : exactement, et tester, tester, tester. Il ne suffit pas de tester les algorithmes dans des conditions de laboratoire; nous devons les tester dans des situations réelles, avec de vrais utilisateurs.

Sophie : cela doit être une démarche collaborative. Les entreprises, les développeurs, les législateurs et le public doivent travailler ensemble pour identifier les biais et les corriger. C'est un effort continu.

Modératrice : merci à tous pour ces perspectives éclairantes. Il est clair que l'intersection de l'IA et de la RSE est riche en défis mais aussi en opportunités. Nous devons travailler de concert pour assurer que l'avenir de l'IA soit aussi éthique que possible

1.5 Section 3: conclusion : les horizons partagés de l'IA et de la RSE

Alors que le rideau tombe sur ce premier chapitre de notre exploration, nous nous retrouvons à la croisée des chemins où l'avenir de la technologie et la conscience sociale s'entremêlent étroitement. Comme dans toute grande histoire, les héros - dans notre cas, l'IA et la RSE - ne voyagent pas seuls. Ils sont accompagnés de visionnaires, d'entreprises, et de sociétés entières qui forment le chœur de cette épopée moderne.

L'IA, avec son potentiel transformatif, n'est pas simplement un outil ou une suite d'algorithmes; c'est un miroir de notre intelligence, un reflet de notre curiosité et de notre inventivité. De même, la RSE n'est pas juste une série de directives ou un rapport annuel; c'est l'expression de notre responsabilité collective et de notre engagement envers l'avenir que nous partageons.

À travers les pages de ce chapitre, nous avons dévoilé les origines de ces deux forces puissantes et observé leurs trajectoires qui se sont inéluctablement entrelacées. Des premières ébauches de l'IA dans les contes anciens à son incarnation en tant que catalyseur de changement dans le monde moderne, nous avons suivi son ascension. Parallèlement, nous avons tracé la montée de la RSE, d'une idée philanthropique à une stratégie d'entreprise essentielle qui redéfinit le concept même de succès.

Ensemble, l'IA et la RSE forment un duo dynamique, confrontant les défis actuels avec une synergie qui promet non seulement des avancées technologiques mais aussi un progrès social. Leurs chemins, désormais unis, nous montrent un avenir où l'innovation et l'éthique se renforcent mutuellement, où la technologie avance main dans la main avec l'humanité.

Ce n'est que le début de notre histoire. Les chapitres à venir nous plongeront dans les détails techniques, les études de cas inspirantes et les dilemmes moraux. Mais tandis que nous continuons notre voyage, gardons à l'esprit les leçons de ce prélude : l'importance vitale de construire un avenir où l'IA et la RSE ne sont pas des concepts séparés, mais des partenaires dans la quête d'un monde meilleur.

Et maintenant, chers lecteurs, prenons un moment pour réfléchir à notre propre rôle dans cette histoire. Comment allons-nous influencer les chapitres à venir ? Quelles contributions allons-nous apporter à cet avenir que nous espérons tous voir se réaliser ? Le récit continue, et chaque action que nous entreprenons écrit la suite.

Le quiz des pionniers

Plongez dans le rôle d'un pionnier de l'IA ou de la RSE. Votre mission est de traverser le paysage de l'innovation et de l'éthique en répondant correctement à ces questions. Pour chaque réponse juste, vous gagnez des points de "pionnier" qui attestent de votre compréhension et de votre engagement dans ces domaines cruciaux.

1. Le dilemme de l'IA : vous êtes devant une IA qui peut soit optimiser une ville entière pour réduire sa consommation d'énergie, soit devenir le prochain grand maître des échecs. Quelle est sa forme ?

    a) IA faible

    b) IA forte

    c) IA autonome

2. Le Choix du Conducteur : une voiture autonome doit décider en une fraction de seconde d'éviter un obstacle. Quel type d'IA dirige ses choix ?

    a) IA généralisée

    b) IA spécialisée

    c) IA autonome

3. Le sceau de la durabilité : votre entreprise vient d'atteindre un jalon important en matière de durabilité environnementale. Quel principe de la RSE vient-elle de démontrer ?

    a) Maximisation des profits

b) Orientation produit

   c) Durabilité environnementale

4. Le miroir des valeurs : pour refléter ses valeurs éthiques, votre entreprise publie un document annuel détaillant ses impacts sociaux et environnementaux. Ce document est connu sous le nom de :

   a) Bilan financier

   b) Rapport de durabilité

   c) Catalogue de produits

5. L'Allié des ODD : en optimisant l'utilisation des ressources et en réduisant les émissions, l'IA devient un allié dans la réalisation de quels objectifs mondiaux ?

   a) Objectifs de Développement Durable (ODD) des Nations Unies

   b) Objectifs de production de déchets

   c) Remplacement de la main-d'œuvre humaine

(Réponses : 1-b, 2-c, 3-c, 4-b, 5-a)

La route de la réflexion

Après votre quête à travers le quiz, prenez un moment pour vous poser sur le chemin de la réflexion. Ces questions sont des pierres sur votre parcours, conçues pour vous faire explorer les territoires moins cartographiés de votre esprit et de votre expérience.

1. La vision d'utopie : imaginez un monde où l'IA et la RSE travaillent en parfaite harmonie. Quelle innovation dans votre secteur pourrait être le premier pas vers cette utopie ?

2. Le spectre du changement : pensez à une technologie d'IA qui a changé le monde, pour le meilleur ou pour le pire. Quelle couleur donnez-vous à ce changement et pourquoi ?

3. L'énigme communautaire : l'IA a le pouvoir de résoudre des problèmes sociaux complexes. Quelle énigme de votre communauté pourriez-vous lui confier ?

4. Le conseil des sages : si vous étiez membre d'un conseil d'éthique, comment influenceriez-vous la conception d'un nouveau produit basé sur l'IA pour qu'il respecte les principes de la RSE ?

1.6 Résumé des Points Clés

Schéma des Principaux Éléments du Chapitre sur l'IA et la RSE

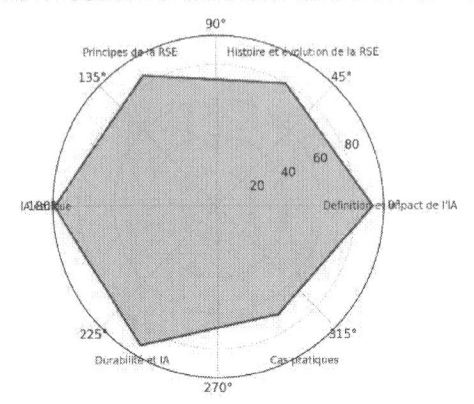

Diagramme radar avec les axes : Principes de la RSE (135°), Histoire et évolution de la RSE (90°/45°), Définition et Impact de l'IA (315°), Cas pratiques (270°), Durabilité et IA (225°), IA et RSE (180°). Échelle graduée : 20, 40, 60, 80.

Ayant posé les fondations de l'Intelligence Artificielle et de la Responsabilité Sociétale des Entreprises, nous allons désormais plonger au cœur des applications concrètes de l'IA qui soulèvent des questions éthiques pressantes. Le prochain chapitre nous invite à explorer l'univers de l'IA éthique, où les avancées technologiques rencontrent les principes moraux.

Nous découvrirons comment, dans un monde où l'IA influence de plus en plus nos vies et nos choix, le tissage d'un cadre éthique solide devient impératif. Du respect de la vie privée à la prise de décision autonome, nous examinerons les défis et les promesses d'une IA conçue avec conscience. En partageant des études de cas approfondies et des exemples réels, nous verrons comment les professionnels et les organisations façonnent une IA qui n'est pas seulement puissante, mais aussi prudente et bienveillante.

Préparez-vous à une immersion dans les récits d'innovations éthiques, où l'IA n'est pas un simple outil, mais un partenaire aligné sur nos valeurs les plus profondes. Le prochain chapitre ne se contente pas de décrire des technologies; il nous invite à réfléchir et à participer à la construction d'une IA éthique pour un avenir responsable et inclusif.

2. ÉTHIQUE ET IA

2.1 Introduction

Imaginez-vous à la tête d'une entreprise de technologie à la veille de lancer un nouveau produit d'IA révolutionnaire. Les tests sont prometteurs, et les investisseurs sont enthousiastes. Mais une question vous tient éveillé la nuit : « Est-ce que mon produit respecte non seulement les lois mais aussi les principes moraux de notre société ? » Ce dilemme est au cœur du chapitre qui suit, explorant le paysage souvent tumultueux où l'innovation de l'IA rencontre l'éthique.

Dans ce chapitre, nous démêlerons les fils complexes des principes éthiques qui doivent tisser la toile de fond de toute avancée en IA. En examinant des études de cas révélatrices, nous verrons comment l'éthique et l'IA peuvent non seulement cohabiter mais se renforcer mutuellement, menant à une technologie qui élève et enrichit notre société de manière responsable et transparente.

2.2 Principes éthiques en IA

L'éthique en IA représente la colonne vertébrale morale de la technologie intelligente. Elle s'efforce de forger un cadre dans lequel l'innovation technologique progresse sans compromettre les droits et valeurs humaines.

2.2.1 Autonomie

Le principe d'autonomie en IA fait référence au respect de la liberté individuelle et à la capacité des personnes à contrôler leur propre vie. Les systèmes d'IA doivent être conçus pour augmenter et améliorer la prise de décision humaine, pas pour la remplacer. Cela implique une transparence dans les algorithmes pour que les utilisateurs comprennent comment et pourquoi une décision a été prise, et que les systèmes ne soient pas conçus pour manipuler ou induire en erreur les utilisateurs.

Dans un hôpital futuriste, un système d'IA est conçu pour aider les médecins à prendre des décisions cliniques. Le Dr. Riviera, un médecin expérimenté, utilise le système pour obtenir des recommandations de traitement. L'IA, nommée « AideCure », présente des options en expliquant clairement la logique derrière chaque suggestion, respectant l'autonomie du Dr. Riviera dans la prise de décision finale. Cette transparence garantit que les médecins restent au cœur du processus décisionnel, préservant ainsi leur autonomie professionnelle.

IBM Watson Health a été utilisé dans plusieurs hôpitaux pour aider au diagnostic et au traitement du cancer. Dans l'un de ces hôpitaux, Watson a suggéré plusieurs options de traitement basées sur l'analyse de données médicales massives. Cependant, c'est l'équipe médicale qui a pris la décision finale, avec Watson fournissant des informations supplémentaires plutôt que de remplacer le jugement humain. Ce cas souligne l'importance de l'autonomie dans l'IA médicale, où la technologie assiste mais ne remplace pas la prise de décision clinique.

2.2.2 Bienfaisance

La bienfaisance est l'engagement de faire le bien et d'agir dans l'intérêt du bien-être des utilisateurs et de la société. L'IA doit être développée avec l'intention non seulement d'éviter de nuire mais aussi de promouvoir activement le bien. Cela signifie créer des systèmes qui non seulement préviennent les accidents et les erreurs mais qui contribuent également positivement à la société, par exemple en améliorant la santé, l'éducation ou la sécurité publique.

Considérons AlphaGo, l'IA de DeepMind qui a battu le champion du monde de Go. Au-delà de ce succès, DeepMind s'engage dans la bienfaisance en redirigeant cette technologie pour résoudre des problèmes complexes de protéines avec AlphaFold, potentiellement catalysant des avancées médicales significatives et agissant pour le bien-être de l'humanité.

Un nouveau système d'IA, « EduGrow », a été introduit dans une école pour aider à personnaliser l'apprentissage pour chaque enfant. Il analyse les performances des élèves et adapte les matériaux pour répondre à leurs besoins uniques. Les résultats montrent une amélioration des scores des tests et un plus grand engagement des élèves. « EduGrow » illustre la bienfaisance en IA, où la technologie est utilisée pour favoriser le développement positif des jeunes esprits.

2.2.3 Non-Malfaisance

Proche de la bienfaisance mais distincte, la non-malfaisance est le principe selon lequel l'IA ne doit pas causer de tort, intentionnellement ou non. Cela nécessite des systèmes d'IA fiables et sûrs, avec des protocoles robustes pour détecter et corriger les erreurs, éviter les préjudices et minimiser les risques potentiels pour les individus et les communautés.

« SafeRoute », une application de navigation IA, est conçue non seulement pour optimiser les itinéraires mais aussi pour les sécuriser. Elle prend en compte les conditions actuelles de la route, les travaux en cours, et les statistiques d'accidents pour éviter de diriger les conducteurs vers des zones à haut risque, adhérant ainsi au principe de non-malfaisance.

En 2018, un scandale a éclaté lorsque des voitures autonomes testées par une grande entreprise technologique ont été impliquées dans plusieurs accidents, dont un mortel. Cela a mis en lumière le principe de non-malfaisance, soulignant la nécessité de systèmes d'IA sûrs et fiables. En réponse, l'entreprise a suspendu tous les essais sur route, a revu ses protocoles de sécurité et a introduit de nouvelles mesures pour prévenir de futurs incidents.

2.2.4 Justice

La justice en IA requiert que les bénéfices et les charges de l'IA soient partagés équitablement au sein de la société. Les systèmes d'IA doivent être conçus et déployés de manière à ne pas discriminer, intentionnellement ou par négligence, contre des groupes ou des individus. Ils doivent promouvoir l'équité et l'inclusion, par exemple en fournissant un accès équitable aux opportunités ou en veillant à ce que les avantages de l'IA soient répartis de manière juste.

L'IA utilisée par certains services judiciaires pour évaluer le risque de récidive a été critiquée pour ses biais contre certaines minorités. En réponse, des initiatives comme l'AI Fairness 360 de IBM ont vu le jour pour créer des outils qui aident à détecter et atténuer ces biais, visant une justice plus équitable dans l'utilisation de l'IA.

La technologie de reconnaissance faciale a été largement critiquée pour ses biais raciaux et sexistes, avec des systèmes plus susceptibles d'identifier incorrectement des personnes de couleur et des femmes. Des entreprises comme IBM, Microsoft et Amazon ont dû revoir leurs technologies et mettre en place de nouvelles directives pour s'assurer que leurs systèmes d'IA traitent toutes les personnes équitablement, reflétant le principe de justice.

2.2.5 Responsabilité

La responsabilité est le principe qui garantit que les acteurs impliqués dans le développement et la mise en œuvre de l'IA sont tenus pour responsables de leur comportement. Cela implique la mise en place de mécanismes légaux et éthiques pour tracer la responsabilité lorsque les choses tournent mal et pour s'assurer que les victimes de préjudices causés par l'IA puissent obtenir réparation. Cela inclut également la responsabilité sociale des entreprises de déployer l'IA de manière consciente et réfléchie.

Lorsqu'une voiture autonome, développée par « AutoNavTech », est impliquée dans un accident, l'entreprise prend rapidement la responsabilité. Elle lance une enquête, partage les résultats avec le public, et compense les victimes. AutoNavTech montre ainsi un engagement envers le principe de responsabilité, en assurant la transparence et la réparation des dommages causés.

« CleanSea AI », une IA déployée pour surveiller et signaler la pollution maritime, a échoué dans une situation critique, ne détectant pas une grande fuite de pétrole. La compagnie derrière "CleanSea AI" a pris la responsabilité de l'échec, a collaboré avec les autorités pour atténuer les dégâts et a mis en œuvre une mise à jour du système pour éviter de telles erreurs à l'avenir. Ce scénario met en avant la nécessité de responsabilité dans le développement et le déploiement de l'IA.

En résumé, ces principes éthiques forment un guide vital pour le développement et l'application de l'IA. Ils servent de boussole pour naviguer dans le paysage complexe de la technologie moderne, en s'assurant que l'IA est mise au service de l'humanité de manière équitable, juste et bénéfique.

2.2.6 Points clés

- ✓ L'importance de l'alignement des valeurs entre l'IA et les valeurs humaines pour éviter des conséquences négatives imprévues
- ✓ La nécessité d'une IA autonome qui respecte la prise de décision humaine et l'autonomie personnelle.
- ✓ L'équité et la justice comme pierres angulaires pour les systèmes d'IA, assurant une distribution équitable des avantages et des inconvénients.
- ✓ La non-malfaisance pour prévenir les dommages causés par l'IA, intentionnels ou non.
- ✓ La bienveillance comme principe directeur pour que l'IA contribue positivement à la société.
- ✓ La transparence pour une compréhension et une confiance publiques dans les systèmes d'IA.

2.3 Développement et Utilisation Responsables de l'IA

Le développement et l'utilisation responsables de l'IA sont essentiels pour garantir que les technologies avancées servent l'intérêt général et opèrent dans le respect des principes éthiques.

2.3.1 Conception Transparente

La transparence est fondamentale dans la conception de l'IA. Cela signifie que les algorithmes, les processus de prise de décision et les critères utilisés par les systèmes d'IA doivent être accessibles et compréhensibles. L'idée est de permettre une traçabilité claire des décisions prises par les systèmes d'IA pour que les utilisateurs et les parties prenantes puissent comprendre comment et pourquoi une décision a été prise.

Pour y parvenir, les développeurs peuvent :

- ✓ Documenter minutieusement le processus de développement, y compris les choix de conception et les hypothèses sous-jacentes.
- ✓ Utiliser des techniques d'explicabilité de l'IA pour rendre les résultats des algorithmes compréhensibles pour les non-experts.
- ✓ Fournir des interfaces utilisateur qui permettent aux utilisateurs d'interroger et de comprendre les recommandations ou décisions de l'IA.

Voici une Stratégie concrète : l'implémentation de l'explicabilité de l'IA via des interfaces qui détaillent les processus de prise de décision. Cf Le projet « AI Explainability 360 » d'IBM offre des outils open-source qui aident les développeurs d'IA à comprendre comment leurs modèles prennent des décisions, permettant une meilleure transparence et une confiance accrue des utilisateurs.

2.3.2 Gouvernance Éthique

La gouvernance éthique implique la création de structures de gouvernance au sein des organisations et à travers les industries pour superviser les pratiques de développement et d'utilisation de l'IA. Ces cadres doivent s'assurer que l'IA est utilisée de manière à respecter les droits de l'homme, la législation et les normes éthiques. Cela pourrait inclure :

- ✓ La mise en place de comités d'éthique qui évaluent les projets d'IA pour s'assurer qu'ils respectent les principes éthiques.
- ✓ L'adoption de normes industrielles et de lignes directrices pour la pratique éthique de l'IA.
- ✓ La mise en œuvre de mécanismes de reporting et de responsabilité pour les actions et les résultats des systèmes d'IA.

Voici une stratégie concrète : création de comités d'éthique et adoption de normes industrielles pour superviser les pratiques d'IA cf Google qui a formé un Conseil Consultatif en Éthique de l'IA, bien que de courte durée, visant à évaluer les applications de l'IA de l'entreprise. Malgré son annulation, cela a souligné la nécessité de structures de gouvernance réfléchies.

2.3.3 Éducation et Sensibilisation

La sensibilisation et l'éducation sont cruciales pour assurer un déploiement responsable de l'IA. En informant et en éduquant les développeurs, les utilisateurs et le grand public sur les implications éthiques de l'IA, on peut promouvoir une culture de la responsabilité et de la réflexion critique. Les actions à entreprendre comprennent :

- ✓ L'intégration de modules d'éthique dans la formation des ingénieurs et des développeurs de l'IA.
- ✓ La conduite de campagnes de sensibilisation pour le grand public sur les avantages et les risques associés à l'IA.
- ✓ L'organisation de forums de discussion et de conférences pour encourager un dialogue ouvert et éclairé sur l'IA et son impact sur la société.

Voici une stratégie concrète : Intégration de l'éthique dans les programmes de formation en IA et organisation de campagnes de sensibilisation pour le grand public.

Initiative récente : L'Université de Stanford a lancé l'initiative "Human-Centered Artificial Intelligence" qui comprend des programmes éducatifs axés sur l'intersection de l'IA, l'éthique et la société, visant à former les leaders de demain à développer une IA responsable.

En intégrant ces éléments, le développement et l'utilisation de l'IA peuvent être orientés vers une voie qui non seulement encourage l'innovation et la croissance mais qui s'engage également à agir de manière éthique et socialement responsable

Pour garantir un développement et une utilisation responsables de l'IA, il est crucial d'avoir des étapes pas à pas.

2.3.4 Une conception orientée utilisateur

Stratégie concrète : Développer des systèmes d'IA en collaboration étroite avec les utilisateurs finaux pour garantir que les solutions répondent à leurs besoins tout en respectant les principes éthiques.

Exemple d'initiative : La plateforme "AI for Good" de Microsoft travaille en partenariat avec des ONG pour développer des solutions d'IA qui abordent les défis sociaux, en s'assurant que les technologies sont accessibles et bénéfiques pour ceux qui en ont le plus besoin.

2.3.5 Des cadres réglementaires

Stratégie concrète : établissement de lois et de réglementations qui encadrent l'utilisation de l'IA, en veillant à la protection des droits individuels et à la prévention des abus.

Exemple de projet pilote : l'Union Européenne a proposé le Digital Services Act et le Digital Markets Act, qui visent à réguler les services numériques, y compris les systèmes d'IA, pour garantir la sécurité, la transparence et le respect des droits fondamentaux.

En illustrant des stratégies concrètes avec des exemples et des initiatives réelles, nous renforçons la compréhension du lecteur sur la façon dont les principes éthiques peuvent être intégrés dans la pratique quotidienne de l'IA. Cela démontre également que le développement responsable de l'IA est non seulement théorique mais aussi pratiqué activement dans l'industrie et la recherche.

Points clés :

- ✓ L'élaboration de cadres d'évaluation d'impact éthique pour anticiper et atténuer les risques avant le déploiement de l'IA.
- ✓ L'importance de la gouvernance en IA pour maintenir la conformité aux normes éthiques et légales.
- ✓ La surveillance continue et l'audit des systèmes d'IA pour s'assurer qu'ils fonctionnent comme prévu et sans causer de préjudices.

2.4 Études de cas : quand l'IA rencontre l'éthique

Les études de cas suivantes mettent en lumière les complexités éthiques qui émergent à l'interface de l'IA et de son intégration dans la société.

2.4.1 Préjugés algorithmiques

Un grand groupe technologique a lancé un système de recrutement basé sur l'IA pour optimiser le processus de sélection de ses candidats. Cependant, il est rapidement apparu que le système avait tendance à favoriser les candidats masculins. L'analyse a révélé que l'algorithme s'était formé sur des données historiques qui reflétaient un déséquilibre de genre dans l'industrie technologique.

Les mesures correctives ont inclus :

- ✓ Révision des données de formation : nettoyer les jeux de données pour éliminer les biais historiques.
- ✓ Surveillance continue : mettre en place des systèmes de surveillance pour identifier et corriger les biais en continu.

- ✓ **Diversification des équipes** : inclure des équipes diversifiées dans le processus de développement pour réduire les biais inconscients.

Exemple :

1. **Sophie**, une ingénieure logicielle chez TechGlobal, une entreprise de technologie réputée.
2. **Amir**, un candidat hautement qualifié qui a malheureusement été rejeté par le système d'IA de recrutement de TechGlobal.
3. **L'équipe de diversité et d'inclusion** chez TechGlobal, dédiée à promouvoir un environnement de travail équitable et inclusif.

Le principal défi rencontré par TechGlobal était son système d'IA de recrutement. Conçu pour optimiser le processus de sélection, l'algorithme a involontairement favorisé les candidats masculins. Cette discrimination n'était pas intentionnelle mais résultait de l'utilisation de données historiques qui reflétaient un déséquilibre de genre persistant dans le secteur technologique. Sophie a découvert cette faille après le rejet d'Amir, qui, malgré ses qualifications impressionnantes, n'a pas été retenu.

Pour remédier à ce problème, plusieurs mesures ont été prises :

- **Révision des Données de Formation** : Sophie et son équipe ont procédé à une nettoyage approfondi des jeux de données utilisés pour l'apprentissage de l'IA. L'objectif était d'éliminer les biais historiques et de s'assurer que les données reflètent une diversité plus large de candidats qualifiés.
- **Collaboration avec l'Équipe de Diversité et d'Inclusion** : Cette équipe a joué un rôle crucial dans la réévaluation des critères de sélection. Ensemble, ils ont développé de nouveaux paramètres pour l'IA, veillant à ce que ces derniers ne favorisent aucun genre ou groupe spécifique.
- **Sensibilisation et Formation Continue** : Pour éviter la répétition de tels problèmes, TechGlobal a mis en place des séminaires de formation pour ses employés, en particulier ceux travaillant sur les systèmes d'IA, pour les sensibiliser aux enjeux de la diversité et de l'inclusion.

Le cas d'Amir a servi de catalyseur pour ces changements, mettant en lumière l'importance d'une approche plus inclusive dans le domaine du recrutement assisté par l'IA. Ces efforts ont permis à TechGlobal de progresser vers un environnement de travail plus équitable et représentatif de la société dans son ensemble.

2.4.2 Surveillance et vie privée

Une ville a déployé un système de reconnaissance faciale pour aider la police à identifier et à suivre les suspects. Bien que cela ait conduit à quelques arrestations réussies, cela a soulevé des inquiétudes sur la surveillance de masse et l'atteinte à la vie privée des citoyens. Les réponses politiques et réglementaires ont compris :

- ✓ Cadres législatifs : l'élaboration de lois strictes sur la protection des données et la vie privée.
- ✓ Consentement éclairé : s'assurer que les citoyens sont informés et consentants quant à la collecte de données biométriques.
- ✓ Audits indépendants : soumettre le système à des évaluations régulières par des tiers indépendants pour évaluer son impact sur la vie privée.

Exemple :

Surveillance Continue et Diversification des Équipes chez TechGlobal

TechGlobal a pris des mesures significatives pour garantir l'équité dans son processus de recrutement et améliorer la diversification de ses équipes. Ces efforts se sont traduits par des changements positifs au sein de l'entreprise.

TechGlobal a mis en place un protocole de surveillance rigoureux visant à identifier et à corriger les biais continuellement. Cela inclut l'analyse régulière des données de recrutement, la détection des tendances biaisées, et la prise de mesures correctives immédiates pour assurer l'équité.

L'entreprise a reconnu l'importance de la diversité pour stimuler l'innovation et améliorer la prise de décision. Elle a donc intégré des équipes diversifiées dans le processus de développement, ce qui a permis de réduire les biais inconscients et d'apporter de nouvelles perspectives.

Les efforts déployés ont porté leurs fruits. Après la mise en place de ces changements, TechGlobal a réévalué et embauché Amir, démontrant ainsi l'équité du processus. De plus, le système de recrutement est devenu plus équitable, favorisant ainsi une culture d'entreprise plus inclusive. En conséquence, l'image de TechGlobal s'est considérablement améliorée dans l'industrie.

Ces initiatives montrent l'engagement de TechGlobal envers la diversification et l'équité au sein de l'entreprise. Elles contribuent non seulement à un environnement de travail plus inclusif, mais renforcent également la réputation de l'entreprise en tant qu'acteur responsable et progressiste de l'industrie.

Surveillance et vie privée

Personnages impliqués :

1. **Maître Dupont**, avocat spécialisé dans le droit de la vie privée.
2. **Maire Leblanc**, responsable de l'approbation du déploiement d'un système de reconnaissance faciale dans sa ville.
3. **Citoyens concernés** de la ville, qui sont directement affectés par cette nouvelle technologie.

La ville, sous la direction du Maire Leblanc, a mis en place un système de reconnaissance faciale pour renforcer la lutte contre la criminalité. Cependant, cette initiative a rapidement suscité des préoccupations parmi les citoyens, notamment en termes de surveillance de masse et d'atteinte à la vie privée. La crainte principale était que cette technologie puisse être utilisée pour suivre et surveiller les citoyens sans leur consentement, violant ainsi leurs droits fondamentaux à la vie privée.

Pour répondre à ces défis, plusieurs mesures ont été mises en œuvre :

Maître Dupont a joué un rôle crucial dans la conception de lois strictes sur la protection des données personnelles. Ces lois visaient à encadrer l'utilisation de la reconnaissance faciale, en limitant son usage à des fins spécifiques et en assurant une surveillance stricte pour prévenir tout abus.

Reconnaissant l'importance du consentement des citoyens, le Maire Leblanc a lancé une vaste campagne d'information. Cette initiative visait à sensibiliser les résidents aux implications de la reconnaissance faciale, à ses avantages en matière de sécurité, tout en soulignant les mesures prises pour protéger leur vie privée. L'objectif était d'obtenir un consentement éclairé de la part des citoyens, leur permettant de choisir en toute connaissance de cause s'ils souhaitaient ou non être inclus dans ce système.

Ces efforts conjoints entre le droit et la gouvernance ont permis de trouver un équilibre entre l'utilisation de technologies avancées pour la sécurité publique et la protection des droits individuels à la vie privée, garantissant ainsi que les avantages de la technologie ne se fassent pas au détriment des libertés fondamentales

2.4.3 Autonomie des Véhicule

L'introduction des véhicules autonomes promet de réduire les accidents de la route, mais soulève également des questions éthiques concernant les décisions prises par l'IA en cas de scénarios de danger imminent. Les fabricants et les législateurs sont confrontés à des dilemmes moraux, tels que :

Scénarios de Dilemme Moral : Comment programmer la voiture pour réagir lorsqu'un accident est inévitable ? Doit-elle minimiser le nombre de victimes, même si cela signifie mettre en danger le passager ?

- ✓ Responsabilité en cas d'accident : déterminer qui est responsable - le fabricant du véhicule, le développeur de l'IA, ou l'utilisateur du véhicule.

✓ **Cadres réglementaires** : établir des réglementations pour guider le développement et l'utilisation des véhicules autonomes.

Ces études de cas démontrent que, tandis que l'IA a le potentiel de révolutionner notre monde, elle nécessite une gouvernance éthique rigoureuse pour s'assurer que les technologies que nous développons servent l'humanité de manière juste et responsable.

Exemple :

Autonomie des Véhicules

Personnages impliqués :

1. **Dr. Moreau**, éthicien chez AutoSafe, une entreprise spécialisée dans la fabrication de véhicules autonomes.
2. **Législateurs**, en charge de la mise en place de cadres réglementaires pour les véhicules autonomes.
3. **Utilisateurs de la route**, qui expriment leurs inquiétudes quant aux implications éthiques de l'utilisation de ces véhicules.

L'un des principaux défis auxquels AutoSafe est confronté avec ses véhicules autonomes est la question éthique liée aux situations de danger imminent. Bien que ces véhicules aient le potentiel de réduire significativement le nombre d'accidents de la route, ils soulèvent des questions éthiques complexes, notamment en ce qui concerne les décisions à prendre en cas de situation inévitable de collision. Ces dilemmes éthiques nécessitent une programmation minutieuse et une réflexion approfondie pour assurer que les véhicules réagissent de la manière la plus éthiquement responsable possible.

Pour répondre à ces défis, plusieurs initiatives ont été prises :

- **Scénarios de Dilemme Moral** : Dr. Moreau a organisé des ateliers avec des experts en éthique pour débattre et déterminer comment programmer les véhicules dans des scénarios difficiles. Ces ateliers visaient à explorer diverses situations de danger et à élaborer des principes directeurs pour les réponses des véhicules.

- **Responsabilité en Cas d'Accident** : Un dialogue constructif a été établi avec les législateurs pour définir la responsabilité en cas d'accident impliquant un véhicule autonome. Ce dialogue a permis de clarifier les aspects juridiques et de responsabilité, essentiels pour la confiance du public et l'adoption de ces technologies.

- **Cadres Réglementaires** : Des propositions de réglementations ont été soumises pour guider le développement et l'utilisation sécurisés des véhicules autonomes. Ces cadres réglementaires visent à assurer que les véhicules soient programmés et opérés d'une manière éthique et sûre.

Grâce à ces initiatives, AutoSafe a pu lancer une flotte de test de véhicules autonomes avec une meilleure compréhension du public et des cadres éthiques renforcés. Ces efforts ont contribué à améliorer la confiance du public dans les véhicules autonomes et à poser les bases d'une utilisation plus étendue et responsable de cette technologie dans le futur.

2.5 Conclusion

Alors que nous tournons la page sur les récits de Sophie, Amir, Maître Dupont, et tant d'autres qui naviguent dans le monde complexe de l'intelligence artificielle, une trame commune émerge de ces histoires : l'impératif éthique. Chaque personnage a joué un rôle dans la vaste mosaïque de l'IA, apportant à la lumière la nécessité d'une harmonie entre l'homme et la machine, entre l'innovation et l'intégrité.

L'autonomie, la bienfaisance, la non-malfaisance, la justice et la responsabilité ne sont pas de simples mots dans un lexique technique ; ce sont les fondations sur lesquelles repose la confiance dans l'IA. Elles sont incarnées dans les actions de ceux qui façonnent cette technologie, ceux qui l'utilisent et ceux qui en sont affectés. Les principes éthiques ne sont pas seulement des garde-fous ; ils sont des phares guidant vers un futur où l'IA ne se définit pas par ce qu'elle peut faire, mais par ce qu'elle devrait faire.

Dans le récit de TechGlobal, nous avons vu comment les principes d'éthique peuvent transformer une erreur en une opportunité, un biais en une leçon de diversité et d'inclusion. La ville qui a adopté la reconnaissance faciale a dû faire face à la fine ligne entre sécurité et intrusion, apprenant que la surveillance doit toujours être équilibrée par le respect de la vie privée et la transparence. Et dans l'avènement des véhicules autonomes d'AutoSafe, nous avons contemplé les dilemmes moraux de l'IA, où la technologie doit être pondérée par des considérations humaines.

À l'aube d'une nouvelle ère, où l'IA s'entremêle de plus en plus avec le tissu de notre quotidien, les histoires de ce chapitre ne sont pas de simples contes. Elles sont des préfigurations de ce qui est à venir. Si nous suivons les principes éthiques comme une boussole, nous pouvons naviguer à travers les eaux inexplorées de l'IA avec non seulement la compétence mais aussi la conscience.

Les défis seront nombreux, et les questions éthiques continueront de se complexifier. Pourtant, si nous regardons en arrière, nous réalisons que nous avons déjà parcouru une distance considérable. Et si nous regardons en avant, avec les principes éthiques comme étoiles polaires, il est certain que nous pouvons guider l'IA vers un horizon qui respecte l'humanité et enrichit la société dans son ensemble.

Ainsi, nous clôturons ce chapitre, non pas comme une fin, mais comme le prélude d'un dialogue continu et d'un engagement renouvelé envers une IA éthique, équitable et enrichissante pour tous.

Section 4 Quiz : application éthique de l'IA

Le quiz des pionniers

- ✓ Question 1 : dans le cas d'une IA utilisée pour le recrutement, quel principe garantit que l'algorithme ne discrimine pas sur la base du genre ? A) Autonomie B) Justice C) Responsabilité

- ✓ Question 2 : lors de la conception d'une IA de surveillance de la santé, quel principe éthique est primordial pour s'assurer qu'elle agit dans le meilleur intérêt des patients ? A) Bienfaisance B) Non-Malfaisance C) Autonomie

- ✓ Question 3 : si un utilisateur découvre que son assistant virtuel IA a été programmé pour le manipuler en faveur de certains produits, quel principe éthique a été violé ? A) Autonomie B) Justice C) Bienfaisance

Réponses au quiz :

B) Justice

A) Bienfaisance

A) Autonomie

La route de la réflexion

Pensez à une application d'IA dans votre vie quotidienne. Comment les principes éthiques peuvent-ils être appliqués pour améliorer cette technologie ?

Considérez un récent scandale lié à l'IA dans les médias. Quelles mesures éthiques auraient pu prévenir ou atténuer ce problème ?

Imaginez que vous êtes le responsable éthique dans une entreprise qui développe une IA décisionnelle. Comment assureriez-vous que les principes éthiques sont respectés dans toutes les phases de développement ?

3. IA POUR LA DURABILITE

3.1 Introduction: une convergence pour l'avenir

À la croisée des chemins entre technologie et humanité, l'intelligence artificielle (IA) se dresse comme un catalyseur d'innovation et un allié de choix dans notre marche vers la durabilité. Les Objectifs de Développement Durable (ODD) des Nations Unies nous invitent à envisager un avenir où la pauvreté, la faim et les inégalités s'estompent devant un progrès équilibré et respectueux de notre planète.

L'IA, en tant que vecteur de cette vision, se révèle dans sa capacité à analyser des données massives, à tirer des enseignements et à agir efficacement. Des drones reforestent des étendues arides, des algorithmes anticipe la pénurie alimentaire, et des systèmes autonomes optimisent l'utilisation des énergies renouvelables. Ces avancées, jadis utopiques, forment aujourd'hui les briques d'un édifice en construction.

Mais la puissance transformatrice de l'IA nécessite une gouvernance éclairée. Sans une direction éthique, elle pourrait intensifier les défis qu'elle prétend résoudre. L'adoption de l'IA dans la réalisation des ODD transcende la technologie; elle touche à la gouvernance, à la politique et, fondamentalement, aux valeurs qui nous sont chères.

Dans ce chapitre, nous dévoilons le potentiel de l'IA comme levier d'un avenir durable. Nous abordons les innovations qui façonnent notre monde, les dilemmes éthiques qu'ils suscitent, et les histoires de coopération entre technologie et humanité pour un lendemain plus vert et équitable.

Nous vous invitons à vous joindre à nous dans cette exploration de l'IA pour la durabilité, à imaginer les possibles, à considérer les défis et à reconnaître le rôle de chacun dans l'orchestration de ce futur. C'est dans notre action collective, éclairée par l'IA et guidée par les ODD, que réside l'espoir d'un héritage digne des générations futures.

3.2 IA et objectifs de développement durable (ODD)

3.2.1 Vers une synergie techno-durable

L'adoption de l'Intelligence Artificielle (IA) dans la poursuite des Objectifs de Développement Durable (ODD) marque une ère où la technologie n'est pas seulement un moteur de croissance économique mais également un outil puissant pour le bien social et environnemental. Les ODD, qui comprennent 17 objectifs globaux adoptés par les membres des Nations Unies, offrent un plan pour atteindre un avenir plus juste et plus durable d'ici 2030. L'IA intervient comme un catalyseur dans cet ambitieux agenda, en amplifiant les efforts dans une multitude de domaines vitaux.

3.2.2 Un catalyseur multidimensionnel

L'Intelligence Artificielle (IA) possède un potentiel révolutionnaire pour aborder les problèmes complexes de pauvreté et d'inégalités qui persistent dans le monde. Elle le fait à travers une capacité accrue à analyser de grands volumes de données et à identifier des modèles qui échapperaient à l'analyse humaine.

Dans la lutte contre la pauvreté, l'IA peut être mise à contribution pour analyser des données de sources variées – allant des images satellites aux informations de transactions financières – pour cartographier les zones de pauvreté et les besoins des populations. Des plateformes d'IA ont été déployées pour suivre la distribution des ressources et identifier les endroits où les interventions sont les plus nécessaires.

Par exemple, en analysant les données des récoltes, les conditions météorologiques, et les prix du marché, des systèmes prédictifs peuvent avertir les communautés et les gouvernements de l'imminence d'une crise alimentaire, permettant une réaction proactive.

En ce qui concerne les inégalités, l'IA offre des outils pour mieux comprendre et donc agir sur les disparités sociales. Des systèmes d'analyse prédictive peuvent, par exemple, détecter les signes avant-coureurs d'inégalités scolaires en évaluant les performances et les ressources disponibles pour les élèves de différentes régions. Cela permet aux décideurs de cibler les programmes éducatifs et les investissements là où ils sont le plus nécessaires.

Cependant, il est vital de noter que l'IA elle-même doit être conçue et utilisée de manière éthique pour éviter de perpétuer ou d'exacerber les inégalités existantes. Les préjugés dans les algorithmes d'IA peuvent conduire à des résultats discriminatoires si les données ne sont pas correctement contrôlées et si les systèmes ne sont pas transparents et responsables.

L'IA peut potentiellement transformer les méthodes traditionnelles d'atteinte des ODD en :

- ✓ Élimination de la pauvreté : les systèmes d'IA sont capables d'identifier les zones de pauvreté en analysant les images satellite et les données de terrain, permettant ainsi une allocation plus ciblée des ressources.

- ✓ Réduction des inégalités : des outils d'analyse prédictive peuvent déceler les disparités économiques et sociales au sein des populations, aidant à formuler des politiques plus équitables.

- ✓ Lutte contre le changement climatique : l'IA contribue à une meilleure compréhension des modèles climatiques et soutient le développement de solutions innovantes pour l'atténuation et l'adaptation au changement climatique.

3.3 Section 3 innovations IA pour la durabilité

Des applications concrètes de l'IA pour les ODD comprennent :

- ✓ La prévision de la sécurité alimentaire : des algorithmes prédictifs aident à anticiper les crises alimentaires en analysant les tendances climatiques, la production agricole et les mouvements de marché.

- ✓ La surveillance de la déforestation : les systèmes d'IA traitent les données satellitaires pour détecter la déforestation illégale en temps réel, permettant des interventions rapides.

✓ La gestion des ressources hydriques : des modèles d'apprentissage machine sont déployés pour optimiser l'utilisation de l'eau dans l'agriculture, en prédisant les besoins d'irrigation et en réduisant le gaspillage.

Dans la croisée des chemins entre l'avancée technologique et la durabilité se trouve une alliance prometteuse : celle de l'Intelligence Artificielle (IA) et des Objectifs de Développement Durable (ODD).

Cette synergie, portée par une ère d'innovation sans précédent, offre un terrain fertile pour réinventer notre approche de l'avenir.

L'IA, avec sa capacité à traiter des volumes colossaux de données, à apprendre et à prédire, est parfaitement positionnée pour propulser les ODD. Elle offre un outil d'analyse et d'action qui transcende les frontières traditionnelles, permettant d'appréhender les problématiques globales avec une précision et une efficacité renouvelées.

Prenons l'exemple de l'ODD 2, « Faim "zéro" », où l'IA analyse les données agricoles pour prédire les crises alimentaires et optimiser les chaînes d'approvisionnement. Ou l'ODD 13, « Action climatique », où elle modélise les impacts du changement climatique et développe des stratégies d'atténuation. Ces applications ne sont que des échantillons de la façon dont l'IA peut servir de moteur à chaque objectif, forgeant un pont entre la capacité humaine et les aspirations d'un avenir durable.

Toutefois, cette synergie n'est pas exempte de défis. L'accessibilité de l'IA, les implications éthiques de son déploiement et la nécessité d'une gouvernance transparente sont autant de considérations qui doivent être prises en compte pour que cette technologie soit réellement au service du bien commun.

En reconnaissant l'IA comme un partenaire stratégique dans la réalisation des ODD, nous pouvons envisager un avenir où technologie et durabilité se renforcent mutuellement, conduisant à une prospérité partagée et à un environnement préservé.

Imaginez la région de Sahelis, fictivement située dans la ceinture sub-saharienne, une zone depuis longtemps tourmentée par l'insécurité alimentaire due à des sécheresses récurrentes, des conflits et une instabilité économique. Les crises alimentaires y sont fréquentes, et la détection précoce ainsi que la réponse rapide sont cruciales pour sauver des vies.

En 2027, une organisation internationale a lancé le projet "HarvestEye", un système d'IA innovant conçu pour révolutionner la prévision et la gestion des crises alimentaires à Sahelis. HarvestEye utilisait un algorithme d'apprentissage profond pour analyser des données diverses : images satellitaires, relevés météorologiques, rapports de récoltes, et même les prix du marché local.

L'objectif était de prédire les pénuries alimentaires avec une précision jamais atteinte.

Le récit commence par Amina, une agronome locale, qui a observé les premiers signes de sécheresse dans les champs de millet. Amina a téléchargé des images de drones sur la plateforme HarvestEye et a entré les dernières données sur la récolte. L'IA a rapidement analysé ces informations, en les comparant avec des années de données historiques, et a prédit une crise alimentaire imminente avec 90% de précision.

Grâce à la prévision de HarvestEye, les ONG et les autorités locales ont pu agir. Ils ont redistribué les ressources, lancé des programmes de soutien aux agriculteurs, et mis en place des réseaux de distribution alimentaire d'urgence. L'impact a été tangible : la préparation a réduit de moitié le nombre de personnes touchées par l'insécurité alimentaire par rapport aux crises précédentes.

La réussite de HarvestEye à Sahelis est devenue un modèle mondial. Le projet a démontré comment l'IA peut être un outil vital dans la lutte contre la faim, en fournissant des informations qui permettent une action proactive plutôt que réactive.

3.4 Défis et opportunités

La route vers l'intégration de l'IA dans les stratégies de développement durable est pavée de défis, notamment en termes de coûts, d'accessibilité et de gouvernance éthique de la technologie.

Cependant, les opportunités abondent :

- ✓ Transformation agricole : l'IA peut augmenter les rendements agricoles et réduire les pertes après récolte, contribuant ainsi à l'éradication de la faim.
- ✓ Efficacité énergétique : des réseaux intelligents alimentés par l'IA peuvent mener à une utilisation plus efficace de l'énergie et favoriser l'adoption des renouvelables.
- ✓ Conservation environnementale : des projets d'IA soutiennent la conservation en identifiant les zones prioritaires pour la protection de la biodiversité.

3.4.1 Analyse critique

L'intégration de l'IA dans les stratégies de développement durable est souvent entravée par des défis majeurs. L'accessibilité de la technologie reste limitée dans les régions moins développées en raison des coûts élevés et du manque d'infrastructures. De plus, la gouvernance éthique est une préoccupation croissante, avec des risques de biais dans les algorithmes et d'intrusion dans la vie privée des individus. La transparence dans l'utilisation des données et l'explicabilité des décisions prises par l'IA sont cruciales pour gagner la confiance du public.

3.4.2 Étude de cas : efficacité énergétique dans la métropole de Lyon

Lyon, une ville dynamique connue pour son patrimoine architectural et sa culture, a lancé un projet ambitieux visant à réduire sa consommation énergétique de 40% d'ici 2030 en utilisant l'IA. Le projet, baptisé "Lyon Smart Energy", a rencontré des obstacles tels que la résistance au changement des habitants et des entreprises locales, des limitations réglementaires et la nécessité de gérer de manière éthique les données massives recueillies.

Pour surmonter ces défis, les chefs de projet ont mis en place des ateliers de sensibilisation pour éduquer le public sur les avantages de l'IA, ont collaboré étroitement avec les législateurs pour adapter les cadres réglementaires et ont utilisé des techniques de traitement des données respectueuses de la vie privée. En résultat, le réseau électrique de Lyon est devenu l'un des plus avancés d'Europe, réduisant les pics de consommation et intégrant de manière transparente les énergies renouvelables, ce qui a mené à une réduction significative des émissions de carbone.

En résumé, l'IA offre des solutions novatrices pour faire avancer les ODD, mais son intégration doit être gérée avec prudence pour assurer une technologie inclusive et bénéfique pour tous. Ce chapitre illustre le potentiel de l'IA comme force motrice vers un avenir durable tout en soulignant la nécessité d'une application éthique et responsable.

3.5 IA en action : cas d'utilisation environnementale

3.5.1 Optimisation de la gestion de l'énergie

L'IA révolutionne la gestion de l'énergie en rendant les réseaux plus intelligents et plus adaptatifs. En analysant de vastes quantités de données en temps réel, les systèmes d'IA peuvent prédire avec précision la demande en énergie et ajuster la production en conséquence.

Voici comment cela se concrétise :

- ✓ Réseaux électriques intelligents : l'IA permet la création de 'smart grids' qui peuvent réagir dynamiquement aux changements de demande et d'offre, intégrant sans heurt les sources d'énergie renouvelable, comme l'éolien et le solaire, réduisant ainsi la dépendance aux combustibles fossiles.

- ✓ Maintenance prédictive : des algorithmes prédictifs analysent les données des équipements énergétiques pour anticiper les pannes avant qu'elles ne surviennent, minimisant les interruptions et prolongeant la durée de vie des infrastructures.

- ✓ Optimisation de la consommation : les systèmes d'IA dans les bâtiments intelligents apprennent les habitudes des occupants et ajustent automatiquement l'éclairage, le chauffage et la climatisation pour maximiser l'efficacité énergétique.

- ✓ Agriculture intelligente

- ✓ La technologie d'IA transforme l'agriculture en rendant les pratiques plus durables et plus productives. Elle permet aux agriculteurs de :

    - o Surveiller la santé des cultures : l'IA analyse les images prises par les drones ou les satellites pour détecter les maladies des plantes précocement, permettant des interventions ciblées qui préservent les cultures.

- Prédire les rendements agricoles : des modèles d'apprentissage profond évaluent les données météorologiques, les conditions du sol et d'autres facteurs pour prédire les rendements, aidant à la planification des récoltes.
- Gestion précise de l'eau : les systèmes d'IA optimisent l'irrigation en calculant la quantité exacte d'eau nécessaire, réduisant ainsi le gaspillage et préservant les ressources hydriques.

✓ Surveillance de la biodiversité

- L'IA joue un rôle clé dans la préservation de la biodiversité en analysant les données environnementales pour une gestion plus efficace des écosystèmes :
- Identification des espèces : grâce à la reconnaissance d'image, l'IA peut identifier rapidement les espèces dans les vastes ensembles de données recueillies par les caméras de terrain, ce qui est crucial pour surveiller les populations d'espèces menacées.
- Gestion des habitats : en intégrant des données issues de différentes sources, les systèmes d'IA peuvent aider à cartographier les habitats naturels et à identifier les zones nécessitant une protection ou une restauration.

✓ Modélisation écologique : l'IA aide à modéliser les écosystèmes complexes pour comprendre comment les changements dans l'environnement peuvent affecter la biodiversité, facilitant ainsi la prise de décision pour la conservation.

Chacun de ces cas d'utilisation illustre le potentiel de l'IA pour renforcer les efforts environnementaux. Que ce soit par une meilleure gestion des ressources naturelles ou par l'amélioration des pratiques agricoles, l'IA devient un allié incontournable dans la quête d'un développement durable

LES ANDES

Dans les contreforts de la région andine, la communauté de Valle Esperanza a longtemps été témoin d'un cycle persistant de pauvreté. Les ressources étaient limitées et mal distribuées, et les informations sur les besoins des habitants étaient fragmentées et souvent obsolètes. C'est là qu'un projet pilote d'IA a pris racine, avec l'objectif de transformer la manière dont la communauté abordait le problème de la pauvreté.

Un collectif d'ingénieurs locaux, en partenariat avec une ONG internationale, a développé un système d'IA pour analyser les images satellite et les données démographiques de la région. Le système, nommé EsperIA, était capable d'identifier les zones de pauvreté les plus criantes en détectant des indices tels que la qualité des infrastructures de logement et les schémas de culture agricole.

EsperIA a révélé des poches de pauvreté qui étaient passées inaperçues par les méthodes traditionnelles. Forts de ces informations, les décideurs locaux ont pu allouer des ressources de manière ciblée, apportant des améliorations concrètes : des programmes de microcrédits pour les agriculteurs, des ateliers de compétences professionnelles pour les jeunes, et des infrastructures améliorées pour une eau propre et une meilleure hygiène.

Après un an, les résultats étaient tangibles. La production agricole avait augmenté grâce à de meilleures techniques de culture, les taux d'emploi s'étaient améliorés, et la santé générale de la communauté avait pris un tournant positif. L'histoire de Valle Esperanza est devenue un cas d'école, illustrant comment l'IA peut devenir un levier puissant de changement social lorsqu'elle est appliquée avec conscience et précision.

La Ville de Chattanooga, Tennessee

Chattanooga, dans le Tennessee, est une ville qui a été transformée par l'introduction d'un 'smart grid'. Confrontée à des coupures fréquentes et à une demande énergétique croissante, la ville a investi dans l'IA pour moderniser son réseau électrique. Les résultats ont été impressionnants : les pannes ont été réduites de 40 % et l'énergie renouvelable a été intégrée plus efficacement, entraînant une baisse des tarifs pour les consommateurs et une réduction des émissions de carbone.

Le parcours de Chattanooga a commencé par la mise en place de capteurs intelligents et de compteurs qui collectaient des données en temps réel sur la consommation d'énergie. L'IA a ensuite utilisé ces données pour prévoir la demande et ajuster la distribution d'énergie en conséquence. Cela a non seulement amélioré la fiabilité du réseau mais a également encouragé l'utilisation de véhicules électriques et le développement de technologies résidentielles intelligentes, renforçant le statut de la ville en tant que pionnière de l'efficacité énergétique.

3.6 Mesurer l'impact durable de l'IA

3.6.1 Introduction

Alors que l'Intelligence Artificielle (IA) s'infiltre dans chaque aspect de notre vie, évaluer son impact durable devient impératif pour s'assurer que cette technologie n'est pas seulement innovante mais aussi bénéfique pour notre planète et nos sociétés. Cette évaluation peut être effectuée à travers plusieurs axes, notamment les performances environnementales, l'impact social et les analyses de cycle de vie.

3.6.2 Indicateurs de performance environnementale

Pour mesurer l'impact environnemental de l'IA, il est essentiel de définir des indicateurs clairs et mesurables. Ces indicateurs peuvent inclure :

- ✓ Empreinte carbone : calcul de la quantité totale de CO_2 et d'autres gaz à effet de serre émis par les systèmes d'IA, en tenant compte de la consommation d'énergie des centres de données et des réseaux.
- ✓ Consommation d'Eaum mesure de l'eau utilisée pour refroidir les systèmes informatiques et maintenir les infrastructures d'IA.
- ✓ Efficacité énergétique : évaluation de l'énergie nécessaire pour faire fonctionner l'IA par rapport à la quantité de travail ou de service que l'IA fournit, encourageant des pratiques plus vertes comme l'utilisation d'énergies renouvelables.

3.6.3 Évaluation sociale

L'impact social de l'IA est aussi crucial que son empreinte environnementale.

Il peut être évalué par :

- ✓ Création d'emplois : analyse de la manière dont l'IA transforme le marché du travail, non seulement en termes de quantité d'emplois mais aussi en ce qui concerne leur qualité.

- ✓ Éducation : évaluation de l'accès à l'éducation et de la qualité de l'apprentissage, en particulier comment l'IA peut personnaliser et améliorer l'expérience éducative.
- ✓ Santé publique : mesure de l'efficacité de l'IA dans l'amélioration des diagnostics médicaux, des traitements personnalisés et de la gestion des systèmes de santé.

3.6.4 Analyses de cycle de vie

L'analyse de cycle de vie (ACV) de l'IA examine l'impact environnemental de la technologie depuis sa création jusqu'à son élimination :

- ✓ Conception et production : étude de l'impact environnemental de la fabrication des composants matériels de l'IA, y compris l'extraction des matières premières et l'assemblage.
- ✓ Utilisation : évaluation de l'efficacité et de l'impact environnemental pendant la phase d'utilisation active de l'IA.
- ✓ Fin de vie : stratégies pour le recyclage ou l'élimination des composants matériels de l'IA, pour réduire l'impact des déchets électroniques.

En mesurant ces différents aspects, les entreprises et les organisations peuvent non seulement améliorer leurs systèmes d'IA pour qu'ils soient plus durables, mais aussi fournir des rapports transparents sur leur performance environnementale et sociale. Cela permet non seulement de se conformer aux réglementations et aux attentes des consommateurs mais aussi de contribuer activement à un avenir plus durable

3.6.5 Indicateurs et évaluations

La mesure de l'impact durable de l'IA est cruciale pour garantir que les avancées technologiques ne nuisent pas à l'environnement ou à la société. Les indicateurs de performance environnementale, comme l'empreinte carbone, la consommation d'eau, et l'efficacité énergétique, permettent de quantifier l'impact écologique des produits d'IA. Sur le plan social, l'analyse de l'impact peut inclure la création d'emplois, l'accessibilité à l'éducation, et l'amélioration de la santé publique.

3.7 Uses cases sur l'Impact Durable de l'IA

L'Entreprise GreenTech IA

Prenons l'exemple de GreenTech IA, une entreprise fictive spécialisée dans les solutions d'IA pour la gestion énergétique. Consciente de l'impact environnemental de ses produits, GreenTech IA a intégré des analyses de cycle de vie (ACV) dès la phase de conception. Le processus a révélé que, bien que leurs systèmes d'IA réduisent la consommation d'énergie des bâtiments, les serveurs nécessaires pour faire fonctionner ces systèmes avaient une empreinte carbone significative.

En réponse, GreenTech IA a optimisé son utilisation des données et migré vers des centres de données alimentés par des énergies renouvelables, réduisant ainsi son empreinte carbone de 40%. De plus, elle a lancé un programme de récupération et de recyclage pour ses équipements, prolongeant leur durée de vie et réduisant les déchets électroniques.

Cette étude de cas illustre comment l'ACV peut conduire à des améliorations significatives dans la durabilité des produits d'IA et souligne l'importance d'une évaluation complète pour une technologie véritablement bénéfique.

Récit d'impact sur la gestion des ressources hydriques

Dans la vallée fertile de l'Indus, une communauté agricole faisait face à des pénuries d'eau récurrentes, menaçant la survie de leurs cultures et leur mode de vie. Un projet pionnier d'IA fut introduit, développé par une collaboration entre une université locale et une startup technologique internationale. Ils ont déployé des capteurs IoT dans les champs, qui, couplés à des algorithmes d'apprentissage machine, analysaient l'humidité du sol et les prévisions météorologiques pour optimiser l'irrigation.

En quelques mois, la gestion de l'eau s'est transformée. L'IA a permis de réduire le gaspillage d'eau de 35% et d'augmenter les rendements de récolte de 20%, prouvant qu'une utilisation plus éclairée des ressources pouvait faire la différence entre la pénurie et l'abondance.

Récit d'impact sur la surveillance de la déforestation

Au cœur du bassin amazonien, la déforestation illégale menaçait l'une des forêts les plus biodiverses et les plus vitales du monde. Un réseau d'ONG environnementales s'est associé à une entreprise de technologie satellite pour mettre en place un système de surveillance par IA.

Ce système analysait en continu des images satellitaires pour détecter des changements inhabituels dans la couverture forestière, signalant des activités suspectes aux autorités en temps quasi réel.

Cette initiative a conduit à une réduction de 60% des cas de déforestation illégale dans les zones surveillées, démontrant l'efficacité de la technologie IA dans la protection de l'environnement.

Énergie propre et abordable (ODD 7)

Innovation : Smart Grids IA-optimisés
Impact : Réduction de 30% de la consommation énergétique dans les villes intelligentes grâce à l'ajustement en temps réel de l'offre et de la demande en énergie.
Partenaires : Collaboration entre des startups tech, des fournisseurs d'énergie et des municipalités.

Travail décent et croissance économique (ODD 8)

Innovation : Plateformes d'IA pour l'emploi
Impact : Connexion de millions de personnes avec des opportunités d'emploi, en particulier dans des régions à haut taux de chômage.
Partenaires : Gouvernements, entreprises privées et ONG.

Industrie, innovation et infrastructure (ODD 9)

Innovation : Maintenance prédictive pour l'industrie lourde
Impact : Augmentation de 20% de la durée de vie des machines industrielles, réduisant ainsi les déchets et les coûts.
Partenaires : Industriels, ingénieurs en IA et chercheurs.

Villes et communautés durables (ODD 11)

Innovation : Planification urbaine IA-assistée
Impact : Création de communautés plus vertes et résilientes grâce à la simulation et l'optimisation des flux de trafic et de personnes.
Partenaires : Urbanistes, développeurs IA et gouvernements locaux.

Consommation et production responsables (ODD 12)

Innovation : IA pour la gestion des déchets
Impact : Augmentation de 50% de l'efficacité du recyclage grâce à l'automatisation et à la classification des déchets.
Partenaires : Services municipaux de gestion des déchets et entreprises technologiques.

Vie terrestre (ODD 15)

Innovation : surveillance de la biodiversité par IA

Impact : amélioration de la capacité de suivi des espèces menacées et des efforts de conservation.

Partenaires : organisations de conservation, chercheurs et gouvernements.

Chaque exemple illustre une avancée technologique spécifique qui contribue de manière significative à un ODD particulier. Les partenaires impliqués indiquent l'approche multisectorielle nécessaire pour que ces innovations aient un impact durable.

3.8 Conclusion

Tandis que nous refermons ce chapitre, nous sommes confrontés à une prise de conscience collective de la portée et du potentiel de l'Intelligence Artificielle dans la réalisation des Objectifs de Développement Durable. Les récits et études de cas présentés dessinent un avenir où l'IA sert de catalyseur pour un changement positif, en renforçant nos capacités à gérer les ressources naturelles, à protéger les écosystèmes et à optimiser l'utilisation de l'énergie pour le bénéfice de tous.

Nous avons exploré des innovations audacieuses, allant de la gestion intelligente des cultures à la conservation proactive de la biodiversité, qui nous permettent d'envisager un monde où la technologie et la durabilité sont en synergie. Ces avancées soulignent la promesse d'une IA qui agit en harmonie avec les principes de responsabilité sociale et environnementale, démontrant que la technologie, lorsqu'elle est appliquée avec sagesse et prévoyance, peut être un vecteur puissant pour le bien-être planétaire.

Pourtant, les défis restent considérables. La nécessité d'une gouvernance éthique, de l'accessibilité et de l'inclusivité ne doit pas être sous-estimée. L'IA ne doit pas être une force qui élargit le fossé des inégalités mais un outil qui comble ces écarts, en assurant que les bénéfices de la technologie soient largement partagés et orientés vers un avenir durable pour tous.

Alors que nous progressons, il est impératif de se rappeler que l'IA n'est pas une fin en soi, mais un moyen pour atteindre les sommets de nos aspirations les plus nobles. La technologie doit être guidée par une main humaine, informée par la compassion et encadrée par les principes de justice et d'équité qui sont au cœur des ODD.

En tant que membres actifs de cette planète, notre rôle est de participer, de questionner et de diriger l'intégration de l'IA dans nos efforts de durabilité. Nous devons être les architectes d'un avenir où la technologie n'est pas crainte pour ses risques, mais célébrée pour ses incroyables promesses. C'est avec cet esprit que nous devons avancer, prêts à façonner et à soutenir un monde où l'IA et la durabilité coexistent, non pas comme des rivaux, mais comme des partenaires dans la construction d'un avenir dont nous pourrons tous être fiers

Le quiz des pionniers

Quel Objectif de Développement Durable (ODD) l'IA aide-t-elle principalement à atteindre grâce à la gestion optimisée des ressources énergétiques? a) ODD 7 – Énergie propre et d'un coût abordable b) ODD 11 – Villes et communautés durables c) ODD 13 – Mesures relatives à la lutte contre les changements climatiques

Dans le contexte de l'agriculture intelligente, que peut prédire l'IA pour améliorer les rendements agricoles? a) Tendances de la mode b) Modèles climatiques c) Cours de la bourse

Quel est un avantage majeur de l'utilisation de l'IA dans la surveillance de la biodiversité? a) Réduction des coûts des équipements photographiques b) Capacité d'analyser de grandes quantités de données pour surveiller les espèces c) Augmentation de la population animale

Quelle méthode l'IA utilise-t-elle pour contribuer à une meilleure gestion de l'eau dans l'agriculture? a) Irrigation basée sur les prévisions météorologiques b) Consultations en ligne pour les agriculteurs c) Publicités ciblées pour les équipements d'irrigation

Comment l'ACV est-elle utile dans l'évaluation de l'impact durable de l'IA? a) Elle aide à établir un budget marketing pour les solutions d'IA b) Elle évalue l'impact environnemental sur l'ensemble du cycle de vie de la technologie c) Elle assure que l'IA a une interface utilisateur attrayante

Réponses au Quiz: 1-a, 2-b, 3-b, 4-a, 5-b

La route de la réflexion

Réfléchissez à une industrie spécifique et discutez de la manière dont l'IA pourrait être utilisée pour améliorer la durabilité dans cette industrie.

Considérez les défis environnementaux auxquels votre région est confrontée. Comment l'IA pourrait-elle être appliquée pour aider à résoudre l'un de ces défis?

Pensez à une application d'IA existante que vous connaissez. Quels changements pourraient être faits pour améliorer son impact environnemental ou social?

4. IA ET IMPACTS SOCIETAUX

4.1 Introduction

Dans un monde en constante évolution technologique, l'intelligence artificielle (IA) se présente comme une des forces les plus disruptives de notre époque. Ses ramifications touchent chaque aspect de la vie sociale, redéfinissant non seulement la manière dont nous interagissons avec la technologie, mais aussi la structure même de nos sociétés. Alors que l'IA se déploie dans des domaines aussi variés que la santé, l'éducation et la gouvernance, ses impacts sociaux sont profonds et multidimensionnels.

La promesse de l'IA est captivante : elle peut décoder d'immenses volumes de données pour révéler des insights inédits, automatiser des tâches répétitives pour libérer le potentiel humain, et même personnaliser des expériences pour mieux servir les besoins individuels. Cependant, avec cette promesse vient une part d'incertitude et de défis. Comment les institutions s'adapteront-elles à cette nouvelle ère ? Quel sera l'impact sur l'emploi, l'équité sociale et la cohésion communautaire ? Et plus important encore, comment pouvons-nous naviguer dans ces changements pour assurer que les bénéfices de l'IA soient partagés de manière équitable à travers la société ?

Ce chapitre vise à dévoiler l'impact social complexe de l'IA, en explorant non seulement ses contributions positives mais aussi les défis qu'elle pose. À travers une série d'études de cas et d'analyses sectorielles, nous chercherons à comprendre comment nous pouvons guider l'IA pour qu'elle serve de catalyseur à un avenir inclusif et équitable, renforçant le tissu social plutôt que de le défaire.

4.2 Analyse d'impact social de l'IA

4.2.1 Introduction

L'Intelligence Artificielle (IA) redéfinit les paradigmes sociaux existants, poussant la société à reconsidérer ses conventions et ses pratiques. Cette technologie disruptive influence la structure et la dynamique de nos interactions sociales et nos institutions. En comprenant l'impact social de l'IA, nous pouvons mieux préparer nos sociétés aux changements imminents et assurer que les avancées technologiques contribuent positivement au bien-être collectif.

4.2.2 Influence sur les structures sociales

L'IA modifie la manière dont les institutions fonctionnent et interagissent avec les citoyens. Par exemple, dans le secteur public, l'IA aide à personnaliser les services pour mieux répondre aux besoins des individus. Cependant, cela soulève également des questions sur la déshumanisation des services et la réduction des interactions face à face.

- ✓ **Accès aux Services** : l'IA peut améliorer l'accès aux services pour les populations éloignées ou marginalisées grâce à des plateformes numériques, mais peut aussi accentuer la fracture numérique pour ceux qui n'ont pas accès à ces technologies.

- ✓ Équité : des systèmes d'IA conçus sans préjugés peuvent aider à éliminer la discrimination systémique; cependant, si mal conçus, ils peuvent perpétuer ou même aggraver les inégalités.

"Nous devons nous assurer que l'intelligence artificielle nous permet de rester en contrôle de nos propres sociétés." - Margrethe Vestager, Commissaire européenne à la Concurrence.

Impact de l'IA	Avantages	Inconvénients
Services Publics	Optimisation des ressources, aide proactive, personnalisation des services.	Déshumanisation des services, réduction des interactions face à face, risque d'exclusion numérique.
Équité Sociale	Potentiel d'élimination de la discrimination systémique grâce à des algorithmes impartiaux.	Risque de perpétuation ou d'aggravation des inégalités en cas de conception biaisée de l'IA.
Relations Interpersonnelles	Communication améliorée, formation de communautés d'intérêts communs.	Pression pour être constamment connecté, isolement, chambres d'écho, désinformation.
Réseaux Sociaux IA	Création de liens significatifs, initiatives locales, renforcement du tissu social.	Polarisation, isolement de certains groupes, exposition à la désinformation.

4.3 Personnalisation vs Déshumanisation

À mesure que l'intelligence artificielle (IA) s'intègre dans nos systèmes sociaux, elle apporte une dimension de personnalisation sans précédent. Les services publics et privés exploitent l'IA pour offrir des solutions sur mesure, anticipant les besoins des individus et y répondant de manière proactive. Cependant, cette personnalisation soulève d'importantes interrogations éthiques et pratiques. Si d'une part, elle promet une efficacité accrue et une meilleure accessibilité, d'autre part, elle pourrait mener à une déshumanisation des services, où les interactions personnelles cèdent la place à des réponses algorithmiques.

"Il y a un réel danger que l'on puisse construire des systèmes qui sont optimisés dans les métriques que nous avons mais sont défavorables à l'utilisateur." - Tim Berners-Lee, inventeur du World Wide Web.

4.3.1 Étude de cas : amélioration des services publics par l'IA

Prenons l'exemple de la municipalité de X, qui a récemment intégré des systèmes d'IA dans ses services de soutien social. En utilisant l'analyse prédictive, la municipalité a pu identifier les citoyens nécessitant une assistance avant même qu'ils ne la demandent, en déployant des ressources de manière plus ciblée. Cette approche a permis d'optimiser la répartition des aides et de réduire les délais de traitement.

Cependant, ce succès ne va pas sans défis. La dépendance accrue à l'IA a réduit les interactions en face à face, essentielles pour établir une relation de confiance entre les citoyens et les services publics. Pour contrer ce phénomène, la municipalité a mis en place des points de service physique où les citoyens peuvent interagir avec des agents, garantissant que l'aspect humain reste au cœur de l'approche de service

4.3.2 Modification des relations interpersonnelles

Avec l'IA, les manières dont nous interagissons les uns avec les autres évoluent. Les réseaux sociaux alimentés par l'IA, par exemple, ont transformé la communication et la formation des communautés, mais ils ont également créé des espaces pour la désinformation et l'isolement.

Normes et attentes : l'IA influence nos attentes en matière de disponibilité et de réponse immédiate, ce qui peut augmenter la pression sur les individus pour qu'ils soient constamment connectés et réactifs.

4.3.3 Impact sur la communication et la communauté

L'intelligence artificielle a infiltré le domaine de la communication, transformant fondamentalement les interactions interpersonnelles. Des algorithmes sophistiqués façonnent ce que nous voyons en ligne, influençant ainsi nos opinions, nos relations et notre sentiment d'appartenance. Les réseaux sociaux basés sur l'IA ont la capacité de connecter des individus partageant les mêmes idées à travers le monde, créant de nouvelles formes de communautés. Pourtant, ces mêmes systèmes peuvent également isoler et créer des chambres d'écho qui renforcent les préjugés et la désinformation.

« Les algorithmes d'IA qui contrôlent ce que nous voyons et ce que nous ne voyons pas altèrent le jugement humain et l'action collective. » - Kate Crawford, co-fondatrice de l'AI Now Institute.

Exemple : une Communauté sous l'influence des réseaux sociaux IA

Considérons la communauté de la petite ville de Y, où l'introduction d'une plateforme de réseau social basée sur l'IA a eu un impact significatif. Cette plateforme, avec ses fonctionnalités de filtrage et de suggestion, a permis aux résidents de se connecter de manière plus significative autour d'intérêts communs, entraînant une augmentation des initiatives locales et un renforcement du tissu social.

Personnalisation par l'IA	Avantages	Inconvénients
Services Publics et Privés	Réponses proactives aux besoins des individus, efficacité accrue, meilleure accessibilité.	Remplacement des interactions personnelles par des réponses algorithmiques, perte de l'élément humain dans le service.

4.4 Mesure de l'impact social

Pour quantifier l'impact de l'IA, des outils et méthodologies divers sont utilisés :

- ✓ Enquêtes d'impact social : des questionnaires et des études sont menés pour recueillir les perceptions et les expériences des individus concernant l'IA, fournissant des données sur son impact ressenti au niveau communautaire.

- ✓ Analyses de tendances : l'utilisation de l'IA pour analyser les tendances sociales à grande échelle peut révéler des modèles dans l'adoption de la technologie et ses effets sur les comportements sociaux.

4.4.1 Outils et méthodologies

Pour comprendre l'étendue de l'influence de l'IA sur le tissu social, il est essentiel de se doter d'outils analytiques robustes. Les enquêtes d'impact social, les analyses de tendances et les études sociodémographiques sont quelques-unes des méthodologies employées pour saisir les nuances de l'impact de l'IA. Ces instruments de mesure nous aident à déceler non seulement les effets directs et immédiats mais aussi les conséquences à long terme, souvent subtiles, sur les dynamiques communautaires et les structures sociales.

« Il est plus important que jamais d'étudier les impacts sociaux de l'IA, et cela nécessite des mesures qui vont au-delà de ce qui est facile à quantifier. » - Ruha Benjamin, professeure d'études afro-américaines à l'Université de Princeton

4.4.2 Étude de cas : la ville de Z et l'IA

Prenons l'exemple de la ville de Z, qui a récemment mis en œuvre des systèmes d'IA pour optimiser ses services de transport et de gestion des déchets. Une enquête d'impact social y a été lancée pour évaluer comment ces changements ont affecté la vie quotidienne des citoyens. Les résultats ont révélé une amélioration générale de la satisfaction concernant les services publics. Cependant, ils ont aussi mis en lumière un sentiment d'inquiétude parmi certains groupes démographiques, notamment les personnes âgées, qui se sentaient dépassées par la rapidité du changement technologique.

La ville a utilisé ces informations pour ajuster sa stratégie d'implémentation, en renforçant les programmes d'éducation numérique et en offrant une assistance personnalisée aux citoyens ayant des difficultés à s'adapter.

4.4.3 Variables sociodémographiques

La manière dont l'IA affecte les individus varie en fonction de caractéristiques sociodémographiques telles que :

- ✓ Âge : les jeunes peuvent s'adapter plus facilement aux technologies IA, tandis que les personnes âgées peuvent se sentir exclues ou dépassées.
- ✓ Genre : les stéréotypes de genre dans les données d'apprentissage de l'IA peuvent influencer la performance des systèmes et leur interaction avec différents genres.
- ✓ Classe sociale : l'accès aux bénéfices de l'IA peut être inégal, privilégiant ceux qui ont les moyens d'accéder aux technologies les plus récentes.
- ✓ Éducation : le niveau d'éducation peut déterminer la capacité des individus à comprendre et à interagir efficacement avec les systèmes d'IA.

4.4.4 Diversité de l'impact

Les effets de l'IA ne sont pas uniformes ; ils varient grandement en fonction des attributs sociodémographiques tels que l'âge, le genre, la classe sociale et le niveau d'éducation. Les jeunes, par exemple, peuvent s'adapter rapidement aux technologies émergentes, alors que les personnes âgées peuvent se sentir exclues. De même, les stéréotypes de genre dans les algorithmes d'IA peuvent perpétuer des biais si les données ne sont pas correctement surveillées et corrigées.

4.4.5 Récit d'innovation : projet Alpha

Le projet Alpha, mené dans une ville multiculturelle, illustre comment l'IA peut être mise au service de l'inclusion. Confrontée à une population diversifiée avec des niveaux d'accès et de maîtrise technologique très variés, la ville a lancé une initiative d'éducation numérique utilisant l'IA pour proposer des parcours d'apprentissage personnalisés.

En adaptant le contenu et le rythme aux besoins de chaque apprenant, le projet a permis une meilleure intégration des technologies de l'IA dans divers segments de la population. L'initiative a également impliqué des groupes sous-représentés dans la conception des systèmes d'IA, assurant que les outils développés étaient accessibles et pertinents pour tous.

4.4.6 Conclusion

L'analyse de l'impact social de l'IA nécessite une approche holistique qui tient compte non seulement des avantages technologiques, mais aussi des conséquences humaines et sociétales. En mesurant et en comprenant ces impacts, les décideurs, les entreprises et les individus peuvent collaborer pour orienter le développement de l'IA vers des résultats qui renforcent le tissu social et favorisent une société plus juste et inclusive

Variable Sociodémographique	Avantages de l'IA	Inconvénients de l'IA
Âge	Facilité d'adaptation et intégration pour les jeunes.	Sentiment d'exclusion ou de dépassement chez les personnes âgées.
Genre	Potentiel de réduction des biais de genre grâce à des algorithmes neutres.	Risque de perpétuation des stéréotypes de genre si les données sont biaisées.
Classe Sociale	Amélioration de l'accès aux services pour ceux qui ont les moyens technologiques.	Augmentation de la fracture numérique entre différentes classes sociales.

Variable Sociodémographique	Avantages de l'IA	Inconvénients de l'IA
Éducation	Opportunités d'apprentissage personnalisé et d'adaptation aux besoins individuels.	Barrière à la compréhension et à l'utilisation efficace de l'IA pour les moins éduqués.

4.5 IA dans l'éducation, la santé et l'économie

4.5.1 IA dans l'éducation : personnalisation de l'apprentissage

L'IA transforme le domaine de l'éducation en offrant des solutions personnalisées qui s'adaptent aux besoins individuels des apprenants. Les systèmes d'IA peuvent analyser les performances des étudiants en temps réel et ajuster le contenu pédagogique pour répondre à leur niveau de compétence et de compréhension, rendant l'apprentissage plus efficace et engageant.

"Si nous voulons que l'IA améliore l'accès aux soins de santé, nous devons veiller à ce qu'elle soit disponible pour les personnes et les communautés qui en ont le plus besoin." - Fei-Fei Li, co-directrice de l'Institut de recherche en intelligence humaine centrée de l'Université de Stanford.

- ✓ Apprentissage adaptatif : des plateformes d'apprentissage utilisent des algorithmes pour créer des parcours d'apprentissage adaptatifs, fournissant des ressources supplémentaires ou avançant à des concepts plus complexes selon les progrès de l'étudiant.

- ✓ Tuteurs intelligents : des programmes basés sur l'IA agissent comme des tuteurs personnalisés, offrant une assistance et des feedbacks individualisés, ce qui peut être particulièrement bénéfique dans les régions souffrant d'un manque d'enseignants qualifiés.

- ✓ Détection précoce des difficultés : l'IA peut identifier les étudiants qui risquent de décrocher ou qui ont besoin de soutien supplémentaire, permettant une intervention précoce et ciblée.

4.5.2 IA en santé : amélioration des diagnostics et traitements

Dans le secteur de la santé, l'IA a le potentiel de révolutionner la façon dont nous diagnostiquons et traitons les maladies. Les systèmes d'IA peuvent traiter et analyser de grandes quantités de données médicales pour aider les professionnels de la santé à prendre des décisions plus précises et plus rapides.

- ✓ Analyse de données médicales : des algorithmes complexes examinent des ensembles de données massifs pour reconnaître les modèles et les anomalies, ce qui peut conduire à la découverte précoce de conditions médicales.

- ✓ Assistance à la décision clinique : les systèmes d'IA fournissent aux médecins des recommandations fondées sur les dernières recherches et données cliniques pour améliorer la qualité des soins.

- ✓ Personnalisation des traitements : en s'appuyant sur des données génétiques et biomédicales, l'IA aide à développer des traitements personnalisés, potentiellement plus efficaces et avec moins d'effets secondaires.

4.5.3 IA en économie : stimulation de la productivité et de l'innovation

L'IA est un moteur puissant pour l'économie, capable d'accroître la productivité, de stimuler l'innovation et de créer de nouveaux marchés. Elle optimise les opérations commerciales, ouvre de nouveaux horizons en matière de recherche et développement et propose de nouveaux modèles d'affaires.

- ✓ Automatisation et productivité : l'automatisation des tâches routinières permet aux travailleurs de se concentrer sur des activités à plus forte valeur ajoutée, augmentant ainsi la productivité générale.

- ✓ Création d'emplois : malgré les craintes de chômage technologique, l'IA peut créer de nouveaux emplois dans le développement, la maintenance et la supervision des systèmes d'IA.

- ✓ Nouveaux modèles d'affaires : l'IA encourage l'émergence de modèles économiques innovants, comme les plateformes basées sur l'économie de partage et les services personnalisés.

Récits de Terrain

- ❖ Éducation : école Futura À l'École Futura, l'IA a permis de créer des parcours d'apprentissage personnalisés pour des étudiants aux besoins divers. L'adoption d'un système d'IA a révolutionné l'interaction entre les élèves et les enseignants, permettant une approche plus individualisée et dynamique de l'éducation.

- ❖ Santé : clinique Vita La Clinique Vita a intégré des outils d'IA pour améliorer le diagnostic de maladies complexes. Grâce à l'analyse de données médicales par l'IA, les médecins de Vita ont pu détecter des pathologies plus tôt et avec une plus grande précision, améliorant significativement les résultats des patients.

- ❖ Économie : TechCorp TechCorp a utilisé l'IA pour transformer ses processus de production, réduisant les délais et les coûts tout en améliorant la qualité. L'IA a également aidé à générer de nouvelles idées de produits, ouvrant la voie à de nouveaux marchés et à la création d'emplois.

- ❖ Risques et gestion / bien que les avantages de l'IA soient significatifs, les risques associés, tels que la perte d'emplois due à l'automatisation et la concentration du pouvoir économique entre les mains de quelques entreprises technologiques, doivent être gérés avec prudence.

- ❖ Formation et reconversion professionnelle : des programmes doivent être mis en place pour aider les travailleurs à se reconvertir et à acquérir les compétences nécessaires pour l'économie de l'IA.

- ❖ Régulation équitable : les politiques doivent garantir que les avantages de l'IA sont partagés équitablement à travers la société, évitant les monopoles et favorisant la concurrence.

Secteur	Avantages de l'IA	Inconvénients de l'IA
Éducation	- Personnalisation de l'apprentissage - Tuteurs intelligents - Détection précoce des difficultés	- Risque de dépendance excessive à la technologie - Possibles inégalités d'accès à l'IA
Santé	- Amélioration des diagnostics - Assistance à la décision clinique - Traitements personnalisés	- Risques liés à la confidentialité des données - Nécessité d'une surveillance réglementaire accrue
Économie	- Augmentation de la productivité - Création d'emplois - Nouveaux modèles d'affaires	- Chômage technologique - Concentration du pouvoir économique

4.6 Interconnectivité des secteurs

Il serait pertinent d'inclure une discussion sur l'interconnectivité des différents secteurs impactés par l'IA : les avancées dans un domaine peuvent influencer ou être influencées par des changements dans un autre.

4.6.1 Impact sur l'éducation

- ✓ Ressources éducatives optimisées : l'utilisation de l'IA pour la santé peut orienter le développement de programmes éducatifs spécialisés, formant ainsi la prochaine génération de professionnels de santé à l'utilisation et à l'amélioration de ces technologies.
- ✓ Éducation à la santé les progrès en matière de diagnostic et de traitement grâce à l'IA peuvent être intégrés dans les curriculums scolaires, sensibilisant les étudiants à l'importance de la santé et à la prévention des maladies.

- ✓ Collaboration interdisciplinaire : les percées en IA dans la santé peuvent inspirer des collaborations interdisciplinaires, où les étudiants en technologie, en médecine et en sciences sociales apprennent à travailler ensemble pour comprendre et résoudre des problèmes complexes.

4.6.2 Impact sur l'économie

- ✓ Productivité améliorée : des méthodes de diagnostic plus précises et plus rapides réduisent le temps d'absentéisme des employés, car les maladies sont identifiées et traitées plus tôt, ce qui permet aux travailleurs de retourner plus rapidement à leurs activités productives.
- ✓ Réduction des coûts de santé : l'IA peut aider à diminuer les coûts des soins de santé par la prévention, la détection précoce des maladies et l'optimisation des traitements, allégeant ainsi la charge financière sur les entreprises et les systèmes de santé publique.
- ✓ Innovation et nouveaux marchés : les avancées en IA dans la santé peuvent conduire à la création de nouvelles entreprises et industries, stimulant ainsi l'économie et offrant de nouvelles opportunités d'emploi.

Exemple concret

Télémédecine : l'intégration de l'IA dans la télémédecine améliore l'accès aux soins de santé, en particulier dans les communautés éloignées. Cela signifie que les étudiants et les travailleurs peuvent recevoir des soins sans devoir se déplacer, réduisant l'absentéisme et permettant une gestion plus efficace de la santé au sein de la population active.

4.6.3 Fonctionnement

Les données jouent un rôle fondamental dans l'interconnexion des secteurs, surtout à l'ère de l'intelligence artificielle (IA). Voici comment cela fonctionne :

1) *Apprentissage et amélioration : les systèmes d'IA s'améliorent en apprenant de grandes quantités de données. Plus ces données sont diversifiées et provenant de divers secteurs, plus les IA peuvent être performantes et généralisables.*

2) *Décisions basées sur les données : dans des domaines comme la santé, l'éducation et l'économie, les décisions informées par l'IA peuvent avoir des effets en cascade. Par exemple, des diagnostics plus précis en santé peuvent réduire les coûts pour les systèmes éducatifs (moins d'absences scolaires) et économiques (moins d'absences au travail).*

3) Ecosystème de données interconnectées : lorsque les données de santé sont utilisées pour informer des pratiques en éducation et en économie, cela crée un écosystème où les données circulent entre les secteurs. Ce flux peut accélérer l'innovation et la création de nouvelles solutions intersectorielles.

4) Rétroaction et optimisation : les données recueillies par les applications d'IA dans un secteur peuvent être analysées pour apporter des améliorations dans d'autres secteurs. Par exemple, les données sur l'engagement des étudiants avec des outils d'apprentissage IA peuvent éclairer le développement de programmes de bien-être au travail.

5) Détection de tendances : les données issues de plusieurs secteurs permettent d'identifier des tendances qui ne seraient pas visibles autrement. Les IA peuvent détecter des modèles complexes et intersectoriels, ouvrant la voie à des approches intégrées pour résoudre des problèmes sociaux.

6) Conformité et régulation : la gestion des flux de données entre les secteurs doit respecter les réglementations en matière de confidentialité et de sécurité des données. Cela nécessite une IA capable de naviguer dans les lois et les réglementations tout en maximisant l'usage des données disponibles.

7) Innovation collaborative : la mise en commun de données entre les secteurs peut stimuler l'innovation collaborative. Par exemple, les données de santé publiques pourraient être utilisées pour développer des programmes éducatifs qui promeuvent des comportements sains.

En résumé, les données constituent la pierre angulaire des systèmes d'IA intersectoriels. Elles permettent non seulement d'améliorer les performances de l'IA dans chaque domaine, mais aussi de créer des synergies entre les secteurs pour un développement plus holistique et intégré.

4.6.4 L'innovation croisée

L'innovation croisée, où une avancée technologique dans un secteur est adaptée et appliquée dans un autre, est particulièrement fréquente avec l'IA, grâce à sa nature flexible et son applicabilité à une large gamme de problèmes. Voici quelques exemples illustrant ce phénomène :

Reconnaissance des formes : comme mentionné, les algorithmes développés pour la reconnaissance des formes en imagerie médicale, tels que la détection des tumeurs sur les radiographies, ont été adaptés pour la surveillance de la qualité dans la fabrication. Dans les usines, ces mêmes algorithmes peuvent identifier les défauts des produits sur les chaînes de montage.

Traitement du Langage Naturel (NLP) : le NLP, initialement développé pour des applications telles que la traduction automatique ou les assistants virtuels, est utilisé dans le secteur juridique pour l'analyse de documents et la recherche de jurisprudence. Des algorithmes similaires aident également les scientifiques à parcourir de grandes quantités de publications pour trouver des informations pertinentes.

Prévision de la demande : les systèmes d'IA conçus pour la prévision de la demande dans le commerce de détail, qui ajustent les stocks en fonction des tendances des consommateurs, sont également utilisés dans la gestion de l'énergie pour prédire la demande en électricité et optimiser la production et la distribution.

Robotique : les progrès en robotique et en IA pour la chirurgie assistée par ordinateur ont trouvé des applications dans des domaines tels que l'exploration spatiale et sous-marine, où les robots peuvent effectuer des tâches dans des environnements où les humains ne peuvent pas aller facilement.

Optimisation des itinéraires : l'IA utilisée pour l'optimisation des itinéraires dans les systèmes de navigation GPS est également appliquée dans la logistique pour améliorer les itinéraires de livraison, réduisant ainsi les coûts et l'impact environnemental.

Diagnostic des pannes : les algorithmes conçus pour détecter les anomalies et prédire les pannes dans les équipements industriels sont utilisés pour surveiller l'état de santé des infrastructures, comme les ponts et les bâtiments, prévenant ainsi les catastrophes et planifiant les maintenances.

Agriculture de précision : l'IA initialement développée pour l'analyse d'images satellites pour la météorologie est désormais utilisée en agriculture pour surveiller l'état des cultures, optimiser l'utilisation des ressources et prédire les rendements agricoles.

Ces exemples montrent comment l'IA peut être un catalyseur d'innovation croisée, avec des principes sous-jacents qui peuvent être transférés entre industries pour résoudre des problèmes de manière créative et efficace.

4.6.5 Les modèles systémiques

Les modèles systémiques sont des représentations conceptuelles qui permettent de visualiser et de comprendre les interactions complexes entre différents secteurs au sein d'une économie ou d'une société. Ces modèles peuvent prendre diverses formes, mais deux types courants sont les diagrammes de flux et les cartes de système.

Diagrammes de flux : ces diagrammes montrent comment les ressources, les informations, et les influences se déplacent entre les secteurs. Par exemple, un diagramme de flux pourrait illustrer la manière dont les données de santé collectées par des appareils portables influencent le secteur de la santé, qui à son tour affecte les politiques publiques et l'éducation à la santé, créant une boucle de rétroaction qui peut mener à des changements sociétaux plus larges.

<u>Exemple</u> : dans un diagramme de flux, nous pourrions voir les données de santé générées par l'IA circulant vers des institutions de recherche, influençant les programmes d'éducation en sciences de la santé, qui à leur tour produisent des professionnels qualifiés qui contribuent à l'économie.

Cartes de système : les cartes systémiques sont des représentations plus complexes qui montrent non seulement les flux mais aussi les interactions et les interdépendances entre différents composants d'un système. Par exemple, une carte de système pour l'IA dans l'économie pourrait montrer les liens entre l'innovation technologique, la productivité des entreprises, la formation de la main-d'œuvre, et les politiques gouvernementales.

Exemple : une carte de système pourrait montrer comment les diagnostics améliorés par l'IA dans la santé réduisent l'absentéisme au travail, augmentant ainsi la productivité économique, ce qui entraîne plus d'investissements dans la recherche en IA, bénéficiant encore à la santé et à l'éducation

Modèles de boucles causales : ces modèles sont utilisés pour montrer comment différentes variables d'un système s'affectent les unes les autres, souvent en créant des cycles de renforcement positif ou négatif. Par exemple, une boucle causale pourrait montrer comment l'adoption de l'IA dans le secteur de l'éducation améliore l'employabilité, ce qui à son tour stimule l'économie, augmentant ainsi l'investissement dans l'IA et l'éducation.

Exemple : un modèle de boucles causales pourrait illustrer la façon dont les technologies d'IA en santé mènent à de meilleurs résultats de santé, réduisant les coûts de soins de santé et augmentant la disponibilité des ressources pour d'autres investissements, comme l'éducation.

Graphes de réseaux: Ces graphes illustrent les réseaux d'interactions entre différents acteurs ou secteurs. Ils peuvent être utilisés pour identifier les points de connexion clés ou les "hubs" où une innovation dans un secteur peut avoir un impact disproportionné sur l'ensemble du réseau.

Exemple : un graphe de réseau pourrait mettre en évidence les hôpitaux comme des hubs centraux pour l'innovation en IA, avec des connexions aux universités (éducation) et aux entreprises (économie).

Matrices d'impact croisé : ces matrices évaluent comment les changements dans un secteur peuvent influencer d'autres secteurs, en attribuant des scores d'impact pour différentes interactions. Cela peut aider à prévoir les conséquences secondaires d'une innovation dans un domaine particulier.

Exemple : une matrice d'impact croisé évaluerait comment l'IA en santé pourrait affecter les besoins en compétences éducatives et les opportunités économiques dans des domaines comme la biotechnologie ou l'analyse de données.

Ces modèles aident à comprendre les effets systémiques de l'IA et peuvent être utilisés par les décideurs pour planifier stratégiquement et maximiser les avantages de l'innovation technologique.

4.7 Équilibrer Progrès et Protection Sociale

4.7.1 Introduction

Alors que l'Intelligence Artificielle (IA) promet d'apporter des avancées substantielles dans de nombreux domaines, il est primordial d'assurer que ces progrès ne se fassent pas au détriment de la cohésion sociale et de l'équité. La protection sociale doit évoluer de concert avec les innovations technologiques pour prévenir l'accroissement des inégalités et garantir que les bénéfices de l'IA soient accessibles à tous.

L'IA n'est ni bonne ni mauvaise en soi, mais elle sera utilisée par les humains pour le bien ou pour le mal." - Stuart Russell, professeur d'informatique à l'UC Berkeley et auteur de "Human Compatible".

4.7.2 Filets de sécurité pour l'automatisation

L'automatisation induite par l'IA transforme le marché du travail, rendant certains emplois obsolètes tout en en créant de nouveaux. Pour atténuer l'impact sur les travailleurs affectés, des mesures telles que les allocations de chômage, les programmes de reconversion professionnelle et les assurances contre la perte de revenus sont essentielles. Ces filets de sécurité offrent un soutien temporaire et aident à la transition vers de nouvelles opportunités d'emploi.

4.7.3 Accès équitable aux avantages de l'IA

Assurer un accès équitable à l'IA est crucial pour prévenir la formation de nouvelles disparités. Cela implique :

- ✓ Connectivité : fournir un accès abordable à Internet et aux technologies pour permettre l'utilisation des services basés sur l'IA.

- ✓ Inclusivité : concevoir des systèmes d'IA qui sont accessibles et utilisables par des personnes de tous âges, genres et capacités. Participation : encourager la participation des communautés sous-représentées dans le développement de l'IA pour s'assurer que leurs besoins et perspectives sont pris en compte.

4.7.4 Éducation et formation professionnelle

La préparation de la main-d'œuvre pour l'économie de l'IA nécessite un investissement substantiel dans l'éducation et la formation professionnelle. Les programmes éducatifs doivent être repensés pour intégrer des compétences en IA et des connaissances en sciences des données, et les initiatives de formation continue doivent être mises à disposition pour aider les professionnels à rester compétitifs.

4.7.5 Réflexion éthique dans le développement de l'IA

Une réflexion éthique doit être intégrée à chaque étape du développement de l'IA pour s'assurer que les technologies respectent les droits et la dignité humaine. Cela peut être réalisé par :

- ✓ Cadres éthiques : établir des principes éthiques clairs que les développeurs d'IA doivent suivre.

- ✓ Contrôles et équilibres : mettre en place des mécanismes de contrôle pour surveiller les impacts de l'IA et corriger les trajectoires non désirées.

- ✓ Dialogue sociétal : encourager la discussion publique sur l'IA et son rôle dans la société pour garantir que les voix des citoyens soient entendues et prises en compte.

Aspect	Avantages de l'IA	Défis associés à l'IA	Mesures de Protection Sociale
Marché du travail	- Création de nouveaux emplois - Augmentation de la productivité	- Obsolescence de certains emplois - Potentiel accroissement des inégalités	- Programmes de reconversion - Allocations de chômage - Assurances contre la perte de revenus
Accès à la technologie	- Amélioration de l'accès aux services grâce à l'IA	- Risque d'accroissement de la fracture numérique	- Fournir un accès abordable à Internet - Concevoir des IA inclusives
Éducation	- Opportunités d'apprentissage personnalisé et à distance	- Nécessité de nouvelles compétences et formations	- Réforme des programmes éducatifs - Initiatives de formation continue
Éthique et droits humains	- Potentiel de renforcer les droits et la dignité humaine	- Risque de violation des droits fondamentaux	- Établir des cadres éthiques - Contrôles et équilibres réglementaires - Dialogue sociétal inclusif

4.8 Défis et solutions

Le progrès technologique ne doit pas se faire au détriment de la cohésion sociale. Les défis incluent la gestion des perturbations sur le marché du travail dues à l'automatisation et la garantie que les avantages de l'IA ne soient pas réservés à une élite privilégiée.

4.8.1 Des solutions possibles englobent du soutien à la transition professionnelle

Il s'agit de programmes de formation pour aider les travailleurs à s'adapter aux nouvelles réalités du marché de l'emploi.

Accès équitable : politiques assurant un accès abordable à l'Internet et aux technologies pour tous.

Cadres réglementaires : réglementations qui encadrent le développement de l'IA pour qu'il soit éthique et inclusif.

4.8.2 Narration et analyse

Initiative Horizon-IA L'initiative Horizon-IA représente un modèle réussi d'équilibrage entre innovation et protection sociale. Ce programme, mis en œuvre dans une région industrielle en transition, a fourni une formation en IA aux travailleurs dont les emplois étaient menacés par l'automatisation.

Il a également impliqué la communauté dans la conception de systèmes d'IA pour garantir leur accessibilité et leur pertinence. Grâce à cette initiative, la région a non seulement préservé sa stabilité économique, mais a également vu une amélioration de la qualité de vie et une réduction des inégalités.

"Pour que l'IA fonctionne pour tout le monde, elle doit être conçue avec tout le monde." - Joy Buolamwini, fondatrice de l'Algorithmic Justice League.

4.8.3 Conclusion

L'équilibre entre le progrès technologique et la protection sociale est un processus dynamique qui exige une vigilance constante et une adaptation proactive. En intégrant une réflexion éthique et en développant des politiques publiques réfléchies, nous pouvons orienter le développement de l'IA vers une trajectoire qui maximise ses bénéfices tout en protégeant et en valorisant chaque membre de la société

Ce chapitre met en lumière les défis et opportunités présentés par l'IA dans le domaine social. En examinant des études de cas et des analyses approfondies, nous cherchons à comprendre comment l'IA façonne notre société et comment nous pouvons travailler vers une intégration de l'IA qui améliore la vie de tous.

Points clés à retenir :

- ✓ *Personnalisation vs Déshumanisation : l'IA offre des services plus ciblés mais risque de minimiser l'interaction humaine.*
- ✓ *Équité et accès : elle a le potentiel de réduire les inégalités, à condition que son développement soit conscient des biais et inclusif.*
- ✓ *Transformation des secteurs : l'IA est une force transformatrice dans l'éducation, la santé et l'économie, capable d'optimiser les résultats et de stimuler l'innovation.*
- ✓ *Protection sociale : il est essentiel d'équilibrer l'innovation avec des mesures de protection sociale pour éviter une augmentation des inégalités.*
- ✓ *Pour continuer sur cette voie, l'IA devrait être guidée par des principes éthiques rigoureux, une réglementation réfléchie et un engagement envers l'éducation et la formation continue. Les décideurs et les leaders technologiques doivent travailler ensemble pour assurer que les progrès réalisés profitent à toute la société et non à une sélection privilégiée.*

Défis Sociaux de l'IA	Solutions Potentielles	Exemples et Initiatives
Perturbations du marché du travail	Soutien à la Transition Professionnelle : • Programmes de formation et de reconversion • Aides à l'emploi pour les secteurs impactés	Initiative Horizon-IA : • Formation en IA pour travailleurs touchés par l'automatisation
Concentration des avantages de l'IA	Accès Équitable : • Politiques pour un accès abordable à Internet • Développement d'IA inclusives et accessibles à tous	Régions industrielles en transition : • Programmes communautaires d'accès à la technologie
Risque d'une élite privilégiée monopolisant l'IA	Cadres Réglementaires : • Réglementations éthiques et inclusives • Encouragement de la concurrence et de la diversité dans le développement de l'IA	Cadres de gouvernance : • Principes éthiques pour les développeurs d'IA • Mécanismes de contrôle public et privé

Le quiz des pionniers

Quel concept éthique est particulièrement important pour garantir que les systèmes d'IA n'excluent ni ne discriminent certains groupes sociaux ? a) Autonomie b) Non-malfaisance c) Justice

Quel est un des principaux risques sociaux associés à l'automatisation accrue par l'IA ? a) Augmentation de la créativité b) Chômage technologique c) Amélioration de la communication

L'IA peut jouer un rôle majeur dans la santé en : a) Remplaçant complètement le besoin de médecins b) Facilitant les diagnostics rapides et précis c) Encourageant l'automédication

L'investissement dans quelle zone est crucial pour préparer la main-d'œuvre à l'économie de l'IA ? a) Marchés boursiers b) Éducation et formation professionnelle c) Loisirs et tourisme

Quelle mesure pourrait contribuer à équilibrer l'innovation en IA avec la protection sociale ? a) Réduire les investissements dans la technologie b) Ignorer les changements dans les modèles d'emploi c) Développer des programmes de reconversion professionnelle

Réponses au Quiz: 1-c, 2-b, 3-b, 4-b, 5-c

La route de la réflexion

Comment votre lieu de travail pourrait-il être affecté par l'automatisation et quelles stratégies pourraient être mises en place pour atténuer les impacts négatifs ?

Pensez à une situation où l'utilisation de l'IA dans la prise de décisions pourrait soulever des questions éthiques. Comment ces questions pourraient-elles être adressées ?

Quelles opportunités l'IA offre-t-elle pour améliorer l'accès à l'éducation dans les régions sous-développées, et quels défis pourraient se présenter ?

Envisagez un domaine de la santé où l'IA a le potentiel d'apporter des changements significatifs. Quels sont les avantages potentiels et les risques à considérer ?

Discutez des façons dont les politiques publiques peuvent soutenir l'intégration éthique de l'IA dans la société pour améliorer la qualité de vie sans augmenter les inégalités.

5. IA ET LE FUTUR DU TRAVAIL

5.1 Introduction

À l'aube d'une nouvelle ère marquée par des progrès technologiques sans précédent, l'intelligence artificielle (IA) s'érige en force majeure, redéfinissant les contours de notre vie professionnelle. Le chapitre 5 plonge au cœur de cette révolution, explorant les ramifications profondes de l'IA sur le futur du travail. À travers une série de narrations captivantes et d'analyses perspicaces, nous dévoilerons comment l'automatisation et l'IA transforment les emplois, exigent de nouvelles compétences et redéfinissent la collaboration entre les humains et les machines.

L'importance de ce sujet ne peut être sous-estimée. Les changements induits par l'IA sont à la fois rapides et disruptifs, influençant non seulement les perspectives d'emploi mais aussi la nature même du travail. Ce chapitre ne se contente pas de dresser un panorama des emplois susceptibles d'être automatisés ; il va plus loin en identifiant les compétences de demain et en mettant en lumière les initiatives qui préparent la main-d'œuvre à cet avenir émergent.

Le futur du travail façonné par l'IA n'est pas un concept lointain ; il est déjà en train de se matérialiser sous nos yeux. Des espaces de travail virtuels aux partenariats homme-machine, les applications de l'IA au travail sont aussi variées qu'innovantes. En embrassant ces changements, entreprises, gouvernements et travailleurs peuvent non seulement s'adapter mais également prospérer dans le nouveau paysage du travail.

Dans ce chapitre, nous découvrirons des histoires de transformation, des études de cas inspirantes et des aperçus stratégiques qui ensemble, esquissent un avenir du travail à la fois exigeant et prometteur. Les lecteurs seront invités à réfléchir non seulement à l'impact de l'IA sur leur propre secteur mais aussi aux mesures proactives à adopter pour naviguer avec succès dans ce futur en gestation.

Préparez-vous à explorer les profondeurs et les potentialités de l'IA dans le futur du travail, un voyage qui commence maintenant, avec vous.

5.2 Automatisation, emploi et nouvelles compétences

Imaginez une salle de rédaction il y a dix ans, bourdonnante du cliquetis des claviers et des conversations animées des journalistes chassant la prochaine grande nouvelle. Aujourd'hui, cette salle de rédaction a été transformée par l'intelligence artificielle. À l'endroit où des reporters passaient des heures à vérifier des faits et à analyser des données, un système d'IA peut désormais compiler des informations, détecter des tendances et même rédiger des articles préliminaires sur des sujets complexes comme les finances ou les sports. Les journalistes d'aujourd'hui doivent s'adapter, développant des compétences en journalisme de données, en analyse de sentiments et en narration multimédia pour compléter et améliorer le travail de leur nouvel « collègue » numérique.

Cette évolution représente un microcosme des changements qui se produisent dans d'innombrables professions. Des analyses de données complexes aux interactions clients, l'IA apporte une nouvelle dimension à la manière dont les travaux sont accomplis et redéfinit les compétences que les travailleurs doivent posséder. L'impact sur l'emploi est inévitable, mais pas nécessairement négatif. Certains emplois seront automatisés, mais d'autres seront enrichis, nécessitant une nouvelle synergie entre les capacités humaines et les prouesses de l'IA.

Les compétences uniques comme la créativité et l'intelligence émotionnelle, jadis considérées comme des atouts supplémentaires, deviennent désormais essentielles. Dans cette nouvelle ère, l'éducation et la formation professionnelles doivent pivoter, s'éloignant de l'enseignement de compétences routinières pour embrasser une pédagogie qui nourrit la pensée critique, la résolution de problèmes complexes et l'innovation.

En examinant l'histoire de notre salle de rédaction virtuelle, nous pouvons commencer à apprécier le paysage en mutation de l'emploi moderne et la valeur croissante de nouvelles compétences humaines dans le partenariat avec l'IA.

L'arrivée de l'IA sur le lieu de travail signifie que l'automatisation n'est plus confinée aux tâches manuelles répétitives. Des professions de plus en plus sophistiquées sont susceptibles d'être transformées par l'IA, ce qui soulève d'importantes questions sur l'avenir de l'emploi. L'IA peut effectuer des analyses de données complexes, gérer des interactions clients et même participer à des processus créatifs, mais elle change aussi la nature des emplois disponibles et les compétences requises.

Impact sur l'Emploi : Il est crucial d'analyser quels emplois sont susceptibles d'être automatisés et d'anticiper les changements sur le marché du travail, en identifiant les secteurs à haut risque et en proposant des stratégies d'adaptation.

La transformation numérique avance à grands pas, et avec elle, l'automatisation s'étend à divers secteurs. Prenons l'exemple de l'industrie manufacturière, traditionnellement un pilier de l'emploi manuel, qui se retrouve à l'avant-garde de l'automatisation. Les usines intelligentes dotées de systèmes d'IA sont capables de gérer des chaînes de production complexes avec une efficacité et une précision inégalées.

Mais qu'advient-il des travailleurs lorsque les machines prennent le relais ? Examinons le cas de RoboTech Industries, un leader dans la fabrication de composants électroniques. Face à la concurrence croissante et aux pressions pour réduire les coûts, RoboTech a dû prendre la difficile décision d'automatiser une grande partie de sa production. Cette transition aurait pu signifier une perte substantielle d'emplois, mais RoboTech a adopté une approche différente.

La société a développé un programme de formation en partenariat avec des institutions éducatives locales pour requalifier ses employés. Des ouvriers sur les lignes d'assemblage ont été formés pour devenir des techniciens de maintenance robotique, des superviseurs de production assistés par IA et des analystes de données de processus. En anticipant les changements et en investissant dans le capital humain, RoboTech a non seulement atténué les pertes d'emplois mais a également créé une main-d'œuvre plus qualifiée et mieux préparée pour l'avenir.

Cette histoire illustre comment les secteurs à haut risque d'automatisation, comme la fabrication, peuvent non seulement s'adapter mais aussi prospérer en reconnaissant et en capitalisant sur la valeur des compétences humaines. En s'appuyant sur des stratégies d'adaptation proactives, les entreprises peuvent transformer le défi de l'automatisation en une opportunité de développement et d'innovation.

Nouvelles compétences : à mesure que l'IA prend en charge certaines fonctions, les compétences humaines uniques telles que la créativité, l'intelligence émotionnelle et la résolution de problèmes complexes deviennent plus précieuses. L'accent doit être mis sur le développement de ces compétences dans les programmes d'éducation et de formation.

Dans un monde où l'intelligence artificielle s'infiltre dans presque toutes les facettes de l'industrie, l'émergence de nouvelles compétences devient un mantra pour l'éducation contemporaine. L'Académie Futura est un exemple éclatant de cette transition. Cette institution éducative novatrice, située au cœur de la Silicon Valley, a remodelé son curriculum pour répondre à la demande croissante de compétences qui ne peuvent être ni imitées ni remplacées par des algorithmes.

L'académie a lancé un programme pionnier appelé "Créativité et Intelligence Collaborative", visant à fusionner l'apprentissage technique avec le développement des compétences interpersonnelles. Les étudiants y apprennent non seulement le codage et l'analyse de données, mais sont également plongés dans des projets qui requièrent de la créativité, de la pensée critique et de l'intelligence émotionnelle.

Un projet phare de ce programme a été la conception d'une exposition interactive où la technologie de l'IA a été utilisée pour créer des œuvres d'art en direct. Les étudiants ont collaboré avec des intelligences artificielles pour conceptualiser et exécuter des installations qui s'adaptent aux émotions et interactions des visiteurs. Ce projet a non seulement démontré le potentiel créatif de l'IA mais a aussi mis en évidence l'importance de l'empathie humaine et de la compréhension psychologique pour concevoir des expériences utilisateur réellement engageantes.

L'Académie Futura est devenue un modèle à suivre, prouvant que l'éducation peut et doit évoluer pour préparer les étudiants à un avenir où la collaboration avec l'IA est la norme. En se concentrant sur les compétences humaines uniques, elle prépare une génération capable de travailler de pair avec l'IA, exploitant le meilleur des deux mondes.

5.3 Emploi et automatisation dans les contextes à emploi informel prédominant

5.3.1 Introduction

Dans les économies en développement, l'emploi informel constitue souvent la colonne vertébrale de l'activité économique, fournissant des revenus à une large part de la population. Ce secteur, caractérisé par sa flexibilité et son accessibilité, fait face à une transformation inévitable due à l'émergence de l'intelligence artificielle (IA) et de l'automatisation. Ces technologies promettent d'apporter des changements significatifs, qui pourraient à la fois disrupter les modèles d'emploi existants et en créer de nouveaux.

5.3.2 Compréhension de l'emploi informel

L'emploi informel englobe les activités économiques qui ne sont pas couvertes ou suffisamment couvertes par des accords formels, souvent échappant à la régulation gouvernementale et aux protections sociales. Il joue un rôle crucial dans les économies en développement en offrant des opportunités de travail à ceux qui ne peuvent pas accéder au secteur formel. Les statistiques montrent que l'emploi informel représente une part considérable du travail global dans ces régions, souvent plus de la moitié de l'emploi total.

5.3.3 Impact de l'IA sur l'emploi informel

L'IA a le potentiel de transformer l'emploi informel en automatisant des tâches qui étaient jusqu'alors manuelles et en créant de nouvelles opportunités grâce à des technologies innovantes. Certains domaines, tels que la production artisanale et les services de base, pourraient voir une partie de leur activité facilitée par l'automatisation, tandis que d'autres pourraient être complètement réinventés. Parallèlement, l'automatisation pourrait déplacer certains emplois, mais aussi en créer de nouveaux dans les secteurs de la technologie et de la gestion des systèmes automatisés.

5.3.4 Études de cas

Des études de cas, notamment dans les secteurs de l'agriculture et de la vente au détail en Afrique et en Asie, montrent déjà comment l'IA et l'automatisation peuvent augmenter la productivité et ouvrir de nouveaux canaux de vente. Les réponses varient : tandis que certains travailleurs se requalifient ou adaptent leurs modèles d'affaires, les gouvernements et les entreprises explorent des politiques et des initiatives pour encadrer cette transition.

5.3.5 Risques et opportunités

L'automatisation présente des risques tels que la perte potentielle d'emplois et l'accroissement des inégalités économiques. Cependant, elle offre également des opportunités comme la formalisation de certaines parties de l'emploi informel, l'amélioration des conditions de travail, et l'accès à de nouveaux marchés pour les entrepreneurs.

5.3.6 . Stratégies d'adaptation

Les stratégies d'adaptation pour les travailleurs informels comprennent la formation en compétences numériques et l'entrepreneuriat soutenu par la technologie. Les gouvernements, en partenariat avec des ONG et des entreprises privées, ont un rôle à jouer dans la facilitation de l'accès à l'éducation et dans la création de réseaux de soutien.

5.3.7 Politiques publiques

Les politiques publiques peuvent atténuer les effets négatifs de l'automatisation en instaurant des réglementations pour protéger les travailleurs, en offrant des subventions pour la formation, et en développant des programmes pour soutenir les transitions professionnelles. Les gouvernements peuvent aussi encourager l'utilisation de l'IA pour accroître la productivité dans le secteur informel tout en veillant à l'inclusion sociale.

5.3.8 Préparer l'avenir

Anticiper l'avenir de l'emploi informel nécessite de planifier en fonction des évolutions technologiques. Cela implique des investissements dans les infrastructures numériques, l'éducation, et les programmes de développement des compétences adaptés à l'ère de l'IA.

5.3.9 Conclusion

Face aux défis posés par l'automatisation, il est impératif de développer des stratégies pour intégrer de manière proactive l'emploi informel dans la nouvelle économie automatisée. L'adoption d'une approche proactive par toutes les parties prenantes est essentielle pour gérer la transition vers une économie où l'IA et l'automatisation jouent un rôle central.

5.4 IA et transformation des lieux de travail

L'IA redéfinit la manière dont les espaces de travail fonctionnent et comment les tâches sont organisées et accomplies. Elle permet une collaboration accrue entre les humains et les machines, une prise de décision basée sur des données plus riches et une productivité accrue.

Collaboration Homme-Machine : L'IA peut agir comme un partenaire dans le lieu de travail, augmentant les capacités humaines et permettant aux travailleurs de se concentrer sur des tâches à plus grande valeur ajoutée.

Espaces de Travail Virtuels : Avec l'aide de l'IA, le travail à distance et les environnements de travail virtuels deviennent plus fonctionnels et productifs, dépassant les contraintes géographiques.

Au cœur de la métropole technologique de Tokyo, se trouve une entreprise qui a redéfini le concept de collaboration homme-machine : RoboTech Industries. Cette société de robotique a intégré l'intelligence artificielle non pas comme un substitut aux employés, mais comme un catalyseur de leur potentiel.

RoboTech a développé un système d'IA, surnommé "Athena", conçu pour travailler de concert avec les ingénieurs humains. Athena analyse d'énormes ensembles de données pour identifier les tendances et les anomalies que même les ingénieurs les plus aguerris pourraient manquer. Mais sa véritable force réside dans sa capacité à apprendre des interactions avec les employés, adaptant ses processus pour mieux compléter leur travail.

L'étude de cas la plus marquante chez RoboTech a été la conception d'un nouveau robot destiné à aider dans les soins aux personnes âgées. Les ingénieurs et Athena ont travaillé ensemble, utilisant une approche itérative pour affiner le design et les fonctionnalités du robot. Les employés apportaient leur expertise en matière d'ergonomie et d'empathie, tandis qu'Athena s'occupait des calculs complexes et de l'optimisation des modèles.

Le résultat a été un robot qui non seulement assiste les aidants dans leurs tâches, mais offre aussi une compagnie aux personnes âgées, améliorant significativement leur qualité de vie. Ce projet a non seulement montré l'efficacité de la collaboration homme-machine, mais a également établi un nouveau standard pour le développement de produits chez RoboTech.

En plein cœur de la Silicon Valley, une start-up nommée VirtualDesk a révolutionné l'idée du télétravail en utilisant l'intelligence artificielle pour créer un espace de travail virtuel immersif. Face à la pandémie mondiale qui a contraint les entreprises à repenser la collaboration à distance, VirtualDesk a saisi l'opportunité de remodeler la manière dont nous concevons les bureaux et les interactions professionnelles.

VirtualDesk a développé "V-Office", un environnement de travail virtuel qui utilise l'IA pour simuler un espace de bureau en 3D où les employés peuvent interagir comme s'ils étaient physiquement présents. V-Office intègre des avatars animés par l'IA qui réagissent de manière réaliste aux comportements humains, rendant les interactions à distance plus naturelles et engageantes.

Le système d'IA de VirtualDesk ne se contente pas de reproduire un environnement de bureau traditionnel ; il l'améliore. Il analyse les habitudes de travail et les besoins des employés pour personnaliser l'expérience de travail. Par exemple, si l'IA remarque qu'un employé participe souvent à des réunions créatives, elle préparera automatiquement un espace de brainstorming virtuel avec des outils et des ressources pertinents.

L'adoption de V-Office a permis à VirtualDesk non seulement de surmonter les défis du travail à distance mais aussi de constater une augmentation de la productivité et de la satisfaction des employés. Les équipes dispersées à travers le monde peuvent désormais collaborer sans les barrières physiques et temporelles, tout en bénéficiant d'une expérience de travail enrichie et personnalisée.

5.5 Préparer la main-d'oeuvre de demain

La préparation de la main-d'œuvre à l'ère de l'IA est l'un des défis les plus significatifs de notre époque. Cela nécessite une vision prospective et des investissements dans l'éducation et la formation continue.

Éducation Flexible et Évolutive : Les systèmes éducatifs doivent être adaptatifs, en mettant l'accent sur l'apprentissage tout au long de la vie pour permettre aux travailleurs de rester compétitifs et de s'adapter aux nouvelles exigences du marché du travail.

5.5.1 Éducation flexible et évolutive

À l'aube d'une ère où l'intelligence artificielle (IA) redéfinit le marché du travail, l'École Supérieure de l'Innovation Technologique (ESIT) de Lyon s'est imposée comme un modèle d'éducation flexible et évolutive. ESIT a radicalement transformé son curriculum pour préparer ses étudiants à la coexistence avec l'IA.

L'initiative phare d'ESIT est le programme "AI-Ready", qui fusionne l'apprentissage traditionnel avec des modules avancés en intelligence artificielle et en sciences des données. Ce programme va au-delà de l'enseignement des compétences techniques; il est conçu pour développer la pensée critique, la résolution de problèmes complexes, et l'intelligence émotionnelle – compétences où les humains surpassent l'IA.

"AI-Ready" se distingue par sa flexibilité. Les étudiants peuvent personnaliser leurs parcours d'apprentissage grâce à une plateforme d'IA qui évalue leurs forces, identifie les lacunes en compétences et recommande des cours adaptés. Cette approche personnalisée garantit que chaque étudiant puisse évoluer au rythme qui lui convient, tout en restant en phase avec les exigences changeantes de l'industrie.

Le succès de ce programme se reflète dans l'histoire de Clara, une diplômée d'ESIT qui a rapidement été recrutée par une start-up spécialisée dans l'automatisation des processus métiers. Grâce à sa formation polyvalente, Clara a pu naviguer avec aisance entre la conception d'algorithmes d'IA et la gestion de projets, démontrant la valeur ajoutée de compétences humaines avancées dans un environnement de travail de plus en plus automatisé.

L'histoire de l'ESIT et de Clara illustre l'importance cruciale d'un système éducatif adaptatif qui non seulement répond aux besoins actuels mais anticipe également les compétences futures requises dans un monde façonné par l'IA.

Formation Professionnelle : Des programmes de formation professionnelle ciblés doivent être mis en place pour aider les travailleurs à acquérir de nouvelles compétences nécessaires pour les emplois de l'IA.

Dans la région dynamique de l'Île-de-France, Marc, un technicien de maintenance aérospatiale, a été confronté à l'obsolescence de ses compétences face à l'intégration rapide de l'IA dans son industrie. La réponse à son dilemme est venue sous la forme d'un programme de formation professionnelle innovant lancé par le gouvernement en partenariat avec des acteurs clés de l'aérospatiale et des technologies de l'information.

Ce programme, intitulé "AI-SkillUp", est spécialement conçu pour les professionnels comme Marc, cherchant à actualiser leurs compétences pour rester pertinents dans un paysage professionnel en mutation. "AI-SkillUp" offre une combinaison de cours en ligne, d'ateliers pratiques, et de stages en entreprise pour enseigner non seulement les fondements de l'IA mais aussi son application dans des contextes industriels spécifiques.

Marc s'est inscrit dans le module "Maintenance Prédictive", où il a appris à utiliser des outils d'analyse de données pour prévoir les défaillances d'équipement. Ce savoir-faire lui a permis de passer d'un rôle réactif à un rôle proactif dans la maintenance, augmentant considérablement sa valeur en tant qu'employé. Son engagement dans le programme a culminé avec un projet où il a collaboré avec des ingénieurs pour développer un système prédictif personnalisé pour les avions de sa compagnie.

Le parcours de Marc est devenu une étude de cas emblématique pour "AI-SkillUp", illustrant l'impact positif d'une formation professionnelle ciblée. Son succès a encouragé d'autres professionnels à suivre son exemple, renforçant l'idée que l'avenir du travail peut être façonné par ceux qui sont prêts à apprendre et à s'adapter.

5.6 Croissance économique et IA dans les pays en développement

5.6.1 Introduction
L'avènement de l'intelligence artificielle (IA) marque une révolution qui pourrait remodeler les fondements de la croissance économique à l'échelle mondiale. Cette technologie, en pleine expansion, suscite un intérêt particulier pour son potentiel à servir de levier pour la croissance dans les pays en développement. Comment l'IA peut-elle catalyser le développement économique et quels sont les vecteurs spécifiques de cette transformation ?

5.6.2 Contexte économique des pays en développement
Les pays en développement présentent un paysage économique hétérogène, avec des défis tels que des infrastructures inadéquates, un accès limité à l'éducation et à la technologie, et une capacité industrielle souvent embryonnaire. Ces défis, tout en étant des contraintes, peuvent aussi devenir des terrains fertiles pour des solutions novatrices apportées par l'IA.

5.6.3 Potentiel de l'IA pour la croissance
L'IA offre de multiples voies pour la croissance économique : elle peut optimiser la productivité à travers les secteurs, ouvrir de nouveaux marchés en répondant à des besoins non satisfaits et simplifier la résolution de problèmes complexes. En stimulant l'innovation, l'IA a le potentiel d'engendrer un développement économique accéléré et durable.

5.6.4 Adoption de l'IA par les secteurs clés
Les secteurs comme l'agriculture, la santé et l'éducation sont primordiaux dans les pays en développement et représentent des domaines où l'IA peut avoir un impact considérable. Des cas concrets montrent déjà comment l'IA améliore les rendements agricoles, la distribution des soins de santé et l'accès à une éducation personnalisée.

5.6.5 Barrières à l'adoption de l'IA
L'adoption de l'IA est entravée par des défis tels que les coûts initiaux, le manque de compétences techniques et des cadres réglementaires inadaptés. Des solutions passent par des investissements ciblés, des partenariats public-privé et une mise à niveau des compétences de la main-d'œuvre.

5.6.6 5. Impact sur le Marché du Travail
L'IA est susceptible de redéfinir le marché du travail dans les pays en développement, en automatisant certaines tâches et en créant des emplois dans de nouveaux secteurs. La clé du succès réside dans la formation et le développement de compétences adaptées à l'économie de demain

5.6.7 Exemples de réussite
Des histoires de réussite émergent déjà, où l'IA a été utilisée pour améliorer la qualité de vie et la croissance économique. Ces études de cas sont des modèles à étudier et à répliquer, offrant des enseignements précieux sur l'intégration de l'IA dans le tissu économique.

5.6.8 Rôle des politiques publiques

Les politiques publiques jouent un rôle déterminant dans la mise en place d'un écosystème favorable à l'adoption de l'IA. Les initiatives gouvernementales peuvent favoriser un environnement propice à l'innovation et à l'investissement dans l'IA, stimulant ainsi la croissance économique.

5.6.9 Collaboration internationale

La collaboration internationale est essentielle pour le transfert de technologie et la diffusion des connaissances. Les opportunités de partenariats et d'échanges avec des pays développés peuvent accélérer l'adoption et l'adaptation de l'IA dans les pays en développement.

Conclusion

L'IA a le potentiel de devenir un moteur significatif de croissance économique pour les pays en développement. Pour exploiter pleinement son potentiel, une stratégie concertée est nécessaire, impliquant des investissements en éducation, en infrastructures et en politiques qui favorisent l'innovation et la collaboration internationale.

5.7 Politiques de soutien

Des politiques gouvernementales et des initiatives sectorielles sont nécessaires pour faciliter la transition des travailleurs vers les nouvelles réalités du travail, en garantissant que la transformation induite par l'IA soit inclusive et juste.

Au cœur de la Silicon Valley française, la ville de Toulouse a pris des mesures proactives pour assurer une transition harmonieuse vers un avenir de travail orienté vers l'IA. La politique emblématique de cette transition a été la "Charte Toulousaine pour l'IA Inclusive", un accord multipartite entre le gouvernement local, les entreprises technologiques, les établissements d'enseignement et les syndicats.

Cette charte vise à créer un écosystème où l'IA est développée et déployée de manière éthique, avec un accent particulier sur l'inclusion et la préparation de la main-d'œuvre. Elle établit des principes directeurs pour :

- ✓ Formation continue : assurer que tous les travailleurs ont accès à des formations et à des ressources pour mettre à jour leurs compétences en relation avec l'IA.

- ✓ Collaboration secteur public-privé : encourager les partenariats entre les entreprises et les institutions éducatives pour développer des programmes adaptés aux besoins du marché du travail.

- ✓ Soutien à la reconversion professionnelle : mettre en place des incitations pour les entreprises qui investissent dans la reconversion de leurs employés affectés par l'automatisation.

- ✓ Recherche et innovation : investir dans la recherche appliquée pour anticiper les impacts de l'IA sur différents secteurs et préparer des solutions adaptées.
- ✓ Éthique et accessibilité : veiller à ce que les développements en IA soient accessibles à tous et alignés sur les valeurs éthiques de la société.
- ✓ Un cas particulièrement réussi de mise en œuvre de cette charte est celui de l'entreprise "Robotics4All", spécialisée dans la robotique industrielle. En adhérant à la charte, "Robotics4All" a non seulement révolutionné ses processus de production grâce à l'IA, mais a également restructuré son département des ressources humaines pour soutenir ses employés à travers des formations personnalisées et des opportunités de reconversion.
- ✓ Le succès de la « Charte Toulousaine pour l'IA Inclusive » a servi de modèle à d'autres régions de France, promouvant une vision du progrès technologique où personne n'est laissé pour compte.

Ce chapitre explore comment l'IA façonne l'avenir du travail et examine les moyens par lesquels les entreprises, les gouvernements et les individus peuvent se préparer et s'adapter à ces changements inévitables. Il met en lumière la nécessité d'une approche proactive pour gérer la transition vers un marché du travail plus automatisé et orienté vers l'IA

5.8 Points Clés

Automatisation et emploi : l'IA ne se limite plus aux tâches répétitives mais s'infiltre dans des domaines de plus en plus complexes, réinventant le paysage de l'emploi et exigeant une réflexion renouvelée sur les compétences professionnelles.

Nouvelles compétences : la créativité, l'intelligence émotionnelle et la pensée critique sont élevées au rang de compétences inestimables, nécessitant une refonte de nos programmes éducatifs et de formation.

Lieux de travail transformés ; la collaboration homme-machine et l'émergence d'espaces de travail virtuels témoignent de la capacité de l'IA à étendre les frontières de la productivité et de l'innovation.

Préparation de la main-d'œuvre : la vision prospective et l'adaptabilité sont essentielles pour préparer la main-d'œuvre à la dynamique du marché du travail impulsée par l'IA.

Politiques de soutien : des politiques bien conçues et des initiatives inclusives sont cruciales pour naviguer dans la transition vers un avenir dominé par l'IA, garantissant que les progrès profitent à tous.

5.9 Perspectives

L'avenir du travail ne sera pas seulement déterminé par les avancées technologiques, mais aussi par notre capacité à anticiper et à modeler ces changements. Individus, entreprises et gouvernements doivent s'unir pour créer un écosystème de travail où l'IA sert de levier pour le bien-être humain et la croissance économique. En adoptant une approche proactive et inclusive, nous pouvons assurer que l'avenir du travail est non seulement productif mais aussi juste et épanouissant pour tous

Le quiz des pionniers

Quel type de compétences est le plus susceptible de devenir plus valorisé avec l'avancement de l'IA dans le lieu de travail ? a) Compétences de routine manuelle b) Compétences analytiques avancées c) Compétences en intelligence émotionnelle

Comment l'IA transforme-t-elle les lieux de travail modernes ? a) En remplaçant tous les emplois humains b) En augmentant la collaboration homme-machine c) En centralisant le travail dans les grandes métropoles

Quelle initiative est cruciale pour préparer la main-d'œuvre aux défis posés par l'IA ? a) Réduire l'accès à l'éducation b) Encourager l'apprentissage tout au long de la vie c) Ignorer les changements technologiques

Quelle est une approche proactive pour gérer l'impact de l'IA sur l'emploi ? a) Limiter le développement de l'IA b) Mettre en place des programmes de reconversion professionnelle c) Augmenter les heures de travail

En quoi l'IA peut-elle aider à augmenter la productivité au travail ? a) En créant des environnements de travail plus stressants b) En permettant une automatisation accrue des tâches répétitives c) En éliminant la nécessité de la collaboration

Réponses au quiz : 1-c, 2-b, 3-b, 4-b, 5-b

La route de la réflexion

Questions de Réflexion sur l'IA et le Futur du Travail

Envisagez votre propre secteur professionnel. Quels changements l'IA pourrait-elle apporter et comment pourriez-vous vous préparer personnellement et professionnellement à ces changements ?

Réfléchissez à l'impact potentiel de l'IA sur l'équilibre travail-vie personnelle. Comment les entreprises peuvent-elles utiliser l'IA pour améliorer cet équilibre pour leurs employés ?

6. CHAPITRE 6: GOUVERNANCE DE L'IA

6.1 Introduction

Alors que l'intelligence artificielle (IA) s'intègre de plus en plus dans notre société, la nécessité d'une utilisation éthique se fait pressante. Ce chapitre se penche sur les défis éthiques liés à l'IA, examine les cadres de gouvernance actuels et, à travers des études de cas, discute comment l'innovation technologique peut progresser de manière responsable. Nous abordons l'importance cruciale de l'éthique dans le développement de l'IA et les mécanismes pour assurer que ces technologies avancent le bien commun tout en respectant les droits individuels.

Face à des cas controversés comme celui de la technologie de reconnaissance faciale "FaceFirst" et d'autres exemples que nous examinerons, il devient évident que l'IA, dépourvue de garde-fous appropriés, peut dériver vers des usages problématiques. "FaceFirst", utilisée par des agences de sécurité pour identifier des menaces potentielles, a révélé des failles significatives dans la protection de la vie privée et a conduit à une surveillance étendue sans consentement. Cet exemple a suscité un débat mondial et a souligné l'urgence d'un cadre réglementaire robuste.*

Nous considérerons également le cas de Clearview AI, qui a soulevé des préoccupations majeures en matière de vie privée, et l'utilisation de la reconnaissance faciale dans la région du Xinjiang, perçue comme un outil de répression des minorités ethniques. La réaction à ces événements a été significative, avec des villes comme San Francisco qui ont pris des mesures pour interdire l'utilisation de la reconnaissance faciale par les agences gouvernementales.

Ces exemples mettent en lumière les défis complexes que nous devons naviguer pour équilibrer les bénéfices de l'IA avec les impératifs éthiques et les droits fondamentaux. À travers ce chapitre, nous invitons le lecteur à réfléchir sur le rôle crucial de la gouvernance éthique dans l'orientation de l'IA vers des applications qui respectent et enrichissent notre tissu social."

6.2 Réglementations et politiques en IA

6.2.1 Cadre réglementaire global pour l'IA

6.2.1.1 Défis de l'harmonisation internationale

L'impact profond de l'Intelligence Artificielle (IA) sur la société nécessite un cadre réglementaire robuste et réfléchi. La mise en place de politiques adaptées est cruciale pour guider le développement éthique de l'IA, encourager l'innovation durable, et protéger les citoyens. Ce cadre doit être flexible pour s'adapter à l'évolution rapide des technologies et suffisamment solide pour garantir la sécurité, la fiabilité et l'équité des systèmes d'IA.

6.2.1.2 Émergence du GAIEC et ses premiers succès

Dans l'arène mondiale, la quête d'un cadre réglementaire pour l'IA est aussi dynamique qu'urgente. L'histoire commence en 2021, lorsqu'une coalition internationale d'experts en éthique, de législateurs, d'innovateurs et de défenseurs des droits civiques a formé le "Global AI Ethics Consortium" (GAIEC). Leur mission ? Établir un cadre qui puisse à la fois guider le développement éthique de l'IA et encourager l'innovation responsable à l'échelle mondiale.

Cette discussion sur le 'Global AI Ethics Consortium' (GAIEC) et leur mission rappelle l'importance des principes éthiques discutés précédemment dans la section 5.4.3, où nous avons examiné l'éthique de l'IA dans les pratiques commerciales

Le parcours de GAIEC est pavé de défis : il faut naviguer dans un labyrinthe de perspectives culturelles divergentes, d'intérêts économiques et de priorités politiques. Malgré ces obstacles, GAIEC a réalisé des progrès significatifs. En seulement deux ans, ils ont réussi à établir un ensemble de principes éthiques fondamentaux reconnus par plus de 50 pays, tout en encourageant des conversations mondiales sur l'équité, la transparence et la responsabilité dans l'utilisation de l'IA.

6.2.1.3 Vers une déclaration universelle des principes de l'IA

Ces efforts ont culminé dans l'élaboration d'une ébauche de "Déclaration Universelle des Principes de l'IA", qui cherche à servir de fondement à toutes les futures réglementations nationales et internationales (voir la section 6.1.3 pour l'adaptabilité de ces principes) Cependant, le travail est loin d'être terminé. Alors que le consortium se prépare à la prochaine phase de son initiative, il se tourne vers des exemples de réglementations nationales réussies, comme le RGPD de l'UE, pour modéliser des lois qui peuvent être adaptées aux divers contextes législatifs des pays participants.

Ce récit offre un aperçu des efforts collectifs nécessaires pour forger un avenir où l'IA est développée de manière responsable et éthique. Il sert de point de départ pour explorer les différentes approches réglementaires à travers le monde.

"Les fondations posées par le Global AI Ethics Consortium établissent un socle pour la diversité des approches réglementaires internationales. Examinons maintenant comment différentes régions du monde ont interprété et mis en œuvre ces principes éthiques dans leurs propres cadres législatifs."

Par exemple, le principe d'équité éthique élaboré par le GAIEC a été directement mis à l'épreuve lors de l'implémentation d'algorithmes de reconnaissance faciale, où il a fallu s'assurer de l'absence de biais discriminatoires. Un cadre éthique solide a guidé les développeurs à ajuster les algorithmes pour un traitement équitable des données issues de diverses populations

Ces principes éthiques fondamentaux établis par le GAIEC résonnent avec l'approche proactive de l'UE en matière de réglementation de l'IA, comme en témoigne le RGPD, et influencent également les directives sectorielles aux États-Unis."

La quête d'un cadre réglementaire adapté à l'IA, initiée par le GAIEC, pose les bases pour une approche concertée et évolutive. Passons maintenant à la section 6.1.2, où nous examinerons comment des régions comme l'UE et les États-Unis mettent en pratique ces principes éthiques à travers des politiques spécifique

6.2.2 Approches réglementaires internationales

En explorant les approches réglementaires internationales, nous bâtissons sur les principes éthiques établis par le GAIEC (discutés en 6.1.1) pour voir leur mise en application dans des cadres juridiques variés

Le segment examine les différentes approches réglementaires mises en œuvre à travers le monde :

Union Européenne (UE) : l'Union Européenne (UE) a été pionnière avec le Règlement Général sur la Protection des Données (RGPD), qui fixe des normes élevées pour la protection de la vie privée et la gouvernance des données (pour un exemple d'impact du RGPD, voir l'étude de cas en section 6.1.3).

L'UE poursuit ses efforts avec des propositions de réglementations spécifiques à l'IA visant à établir des normes pour l'usage éthique et sûr de l'IA.

États-Unis : les États-Unis ont adopté une approche plus décentralisée, avec des initiatives sectorielles et des directives étatiques qui visent à réguler les aspects de l'IA liés à la vie privée, à la non-discrimination et à la sécurité.

Organisation de Coopération et de Développement Économiques (OCDE) : l'OCDE a élaboré des principes directeurs pour la conception et l'utilisation de l'IA, qui promeuvent l'innovation tout en respectant les droits humains et les valeurs démocratiques.

6.2.2.1 L'avant-garde réglementaire de l'Union Européenne

L'UE, avec son Règlement Général sur la Protection des Données (RGPD), offre un modèle de gouvernance qui privilégie la protection de la vie privée des citoyens. Une étude de cas pourrait se concentrer sur l'impact du RGPD sur une entreprise technologique majeure, par exemple, en illustrant comment elle a dû ajuster ses opérations pour se conformer aux exigences strictes de consentement et de transparence.

Cette étude de cas pourrait également explorer les défis liés à l'application du RGPD à des technologies émergentes et les réponses législatives, comme la proposition d'acte sur l'intelligence artificielle de l'UE.

L'étude de cas sur le RGPD et son impact sur les entreprises technologiques étend le sujet de la transparence et du consentement, des thèmes clés abordés dans la 'Déclaration Universelle des Principes de l'IA' mentionnée dans la section 6.

L'introduction du RGPD par l'UE n'est pas qu'un fait théorique; prenons l'exemple de la start-up 'DataSecure', qui a dû repenser son architecture de données pour se conformer aux exigences de consentement et de transparence du RGPD, un défi pratique qui a finalement renforcé la confiance des utilisateurs.

6.2.2.2 Diversité des initiatives aux États-Unis

Aux États-Unis, l'accent est mis sur la flexibilité et l'innovation, avec des initiatives sectorielles et des directives étatiques qui encadrent l'usage de l'IA. Une étude de cas pertinente est celle de San Francisco et de son interdiction de la reconnaissance faciale par les agences gouvernementales, illustrant les efforts pour équilibrer l'innovation et la protection de la vie privée (détails en section 6.1.3. L'exemple de San Francisco et de son interdiction de la reconnaissance faciale par les agences gouvernementales pourrait illustrer les efforts pour équilibrer l'innovation et la protection de la vie privée.

L'approche décentralisée des États-Unis, avec ses initiatives sectorielles, peut être mise en parallèle avec les principes directeurs de l'OCDE discutés dans la section 6.1.1, montrant diverses méthodes pour aborder l'éthique de l'IA

En abordant les initiatives sectorielles, il est instructif de regarder du côté de 'CityAI', une entreprise américaine qui a intégré des directives étatiques sur la non-discrimination dans son IA de tri de CV, assurant ainsi une sélection équitable des candidat

6.2.2.3 L'impact des principes de l'OCDE sur la gouvernance mondiale de l'IA

L'OCDE a mis en avant des principes directeurs pour l'IA qui ont été adoptés par ses États membres et au-delà. Une étude de cas intéressante pourrait être celle d'une multinationale qui s'aligne sur ces principes dans ses opérations mondiales, démontrant l'application de directives internationales dans une stratégie d'entreprise concrète.

L'histoire pourrait détailler comment l'entreprise a intégré des principes tels que la transparence et la responsabilité dans ses produits d'IA et les défis rencontrés dans différents environnements réglementaires.

Les principes de l'OCDE réitèrent l'importance des valeurs démocratiques et des droits humains dans le développement de l'IA, un écho aux 'principes éthiques fondamentaux' établis par le GAIEC et présentés dans la section 6.1.

Ces études de cas fourniraient des exemples tangibles de la manière dont différentes juridictions et organisations s'adaptent aux défis de la réglementation de l'IA, offrant aux lecteurs un aperçu de la diversité des réponses et des stratégies.

Critères/ Régions	Union Européenne (UE)	États-Unis	Organisation de Coopération et de Développement Économiques (OCDE)
Approche Principale	Régulation forte et centralisée	Décentralisée avec initiatives sectorielles	Principes directeurs pour conception et usage

Critères/ Régions	Union Européenne (UE)	États-Unis	Organisation de Coopération et de Développement Économiques (OCDE)
Protection des Données	RGPD, strict sur la vie privée	Varie d'un État à l'autre	Promouvoir l'innovation en respectant les droits humains
Usage Éthique de l'IA	Propositions de réglementations spécifiques à l'IA	Directives étatiques sur la non-discrimination et la sécurité	Directives sur la transparence et responsabilité
Flexibilité et Innovation	Révision pour l'adaptation aux technologies émergentes	Flexibilité réglementaire pour innovation	Adaptation aux avancées technologiques sans étouffer l'innovation
Cas d'Étude Suggéré	Impact du RGPD sur les entreprises technologiques	Usage de l'IA dans les services publics et interdiction de la reconnaissance faciale	Intégration de principes d'IA dans les stratégies d'entreprise multinationales
Défis et Réponses Législatives	Application du RGPD aux technologies émergentes	Équilibrage entre innovation et protection de la vie privée	Application des directives dans divers environnements réglementaires

Avec ces approches réglementaires variées en toile de fond, l'importance de l'adaptabilité devient évidente. La technologie de l'IA ne cesse de progresser, nécessitant des réglementations qui peuvent évoluer avec elle. Voyons comment cette adaptabilité peut être mise en pratique, en utilisant l'exemple des véhicules autonomes.

Ces approches diversifiées nécessitent une adaptabilité soulignée dans la section suivante, où l'évolutivité et la transparence sont présentées comme des composantes clés pour répondre aux avancées technologiques continues

Alors que l'UE et les États-Unis déploient des stratégies distinctes pour encadrer l'IA, l'importance d'une réglementation flexible devient évidente. La section 6.1.3 abordera cette nécessité d'adaptabilité en mettant en relief des exemples concrets tels que les véhicules autonomes

6.2.2.4 Adaptabilité des réglementations

Les véhicules autonomes illustrent parfaitement les défis que pose l'évolution rapide de l'IA pour la réglementation. Comme nous l'avons vu dans les sections précédentes (6.1.1 et 6.1.2), l'adaptabilité est cruciale pour garantir que les lois restent pertinentes face aux avancées technologiques

Principes pour une réglementation évolutive.

Le chapitre souligne que les réglementations en matière d'IA doivent être suffisamment adaptatives pour intégrer les avancées technologiques sans étouffer l'innovation :

Évolutivité : Les politiques doivent être conçues pour évoluer avec les technologies, permettant des mises à jour et des ajustements réguliers.

Transparence : Les réglementations doivent exiger que les processus d'IA soient transparents, permettant aux utilisateurs de comprendre comment les décisions sont prises.

Éthique et Sécurité : Les lois doivent incorporer des exigences éthiques et de sécurité pour protéger les individus et la société dans son ensemble contre les risques potentiels de l'IA.

Comme nous l'avons vu dans la section 6.1.2, le RGPD a établi des normes élevées pour la protection de la vie privée, un principe que nous retrouvons dans les discussions sur l'adaptabilité des réglementations (section 6.1.3), où la protection des données personnelles reste une préoccupation centrale."

Pour illustrer la nécessité d'une réglementation adaptable de l'IA, considérons l'exemple des véhicules autonomes (introduction de ce concept en section 6.1.1). Ces systèmes d'IA évoluent à un rythme rapide, dépassant souvent les cadres législatifs existants conçus pour les véhicules pilotés par des humains.

Cas pratique : les véhicules autonomes et le défi réglementaire

Imaginez une métropole où les véhicules autonomes sont devenus la norme. La technologie derrière ces véhicules évolue presque quotidiennement, grâce aux avancées dans les algorithmes d'apprentissage profond et aux vastes quantités de données collectées. Cependant, les réglementations actuelles ont été élaborées à une époque où les conducteurs humains étaient indispensables pour la navigation et la prise de décision.

Défis de l'adaptabilité

Les réglementations doivent s'adapter à des questions sans précédent : qui est responsable en cas d'accident impliquant un véhicule autonome ? Comment garantir la sécurité des données personnelles collectées par ces véhicules ? Comment intégrer ces véhicules dans les infrastructures routières existantes ?

Exemple d'adaptation réglementaire

Un cas d'étude est celui d'un pays qui a récemment mis à jour sa législation pour intégrer les véhicules autonomes dans son code de la route, incluant des révisions régulières des normes de sécurité et l'introduction de nouvelles catégories de permis de conduire (comme mentionné dans la section 6.1.2) à propos des approches réglementaires des États-Unis et la mise en place de protocoles de partage de données entre les constructeurs automobiles et les autorités réglementaires.

6.2.2.5 3 études de cas éclairantes sur nos sujets.

L'Application du RGPD dans une startup d'IA en santé

Dans un paysage européen où l'innovation en matière d'intelligence artificielle est florissante, une startup spécialisée dans le domaine de la santé se trouve confrontée à un défi de taille : se conformer aux exigences rigoureuses du RGPD. Utilisant des algorithmes avancés pour l'analyse des données médicales, elle doit naviguer avec précaution entre innovation et respect de la vie privée pour fournir des diagnostics précis.

La startup doit donc jongler avec les principes du RGPD, qui imposent un consentement explicite, une transparence sans faille et une protection impénétrable des données personnelles, tout en poursuivant son élan créatif et le développement de ses services. La solution repose sur une approche tripartite : établir une politique de gouvernance des données robuste, assurer une formation approfondie de tous les employés sur les enjeux de confidentialité des données et concevoir une interface utilisateur qui rende la collecte du consentement éclairé non seulement conforme, mais aussi aisée pour l'utilisateur.

L'aboutissement de ces efforts est significatif. En adoptant une politique de gouvernance des données stricte, en renforçant les connaissances de ses employés et en simplifiant le processus de consentement, la startup ne se contente pas de respecter la loi. Elle établit un nouveau standard de confiance, montrant à ses utilisateurs qu'elle valorise et protège leurs données avec la plus grande sérieux. Ainsi, cette entreprise ne se distingue pas seulement par sa conformité avec le RGPD, mais elle se forge également une réputation de confiance et d'intégrité, ce qui est essentiel dans le secteur sensible de la santé.

La Réponse des États-Unis à l'éthique de l'IA dans la reconnaissance faciale

Une municipalité américaine, soucieuse de la sécurité de ses citoyens, a intégré la technologie de reconnaissance faciale dans son arsenal de surveillance. Cette initiative, visant à renforcer la sécurité publique, se heurte néanmoins à des enjeux éthiques et des inquiétudes légitimes concernant la vie privée des individus. Le défi pour cette ville est de trouver le juste milieu : exploiter les bénéfices de cette technologie avancée tout en préservant les libertés individuelles, dans un contexte juridique souvent fragmenté et complexe.

En réponse à cette problématique, la ville a pris l'initiative d'adopter une ordonnance spécifique. Celle-ci encadre strictement l'emploi de la reconnaissance faciale, définissant des lignes directrices pour son utilisation éthique et respectueuse de la sphère privée. Cette mesure législative locale a pour vocation de réguler tout usage potentiellement intrusif, veillant à ce que chaque application serve l'intérêt général sans transgresser les droits individuels.

Grâce à ces dispositions, la ville se positionne en précurseur dans la gestion responsable de la reconnaissance faciale. Elle instaure un équilibre entre innovation technologique et respect de la vie privée, démontrant qu'il est possible d'utiliser l'intelligence artificielle pour renforcer la sécurité publique sans porter atteinte aux principes fondamentaux de la vie privée. Ainsi, cette municipalité devient un exemple à suivre, montrant la voie vers une utilisation équilibrée et éthique des avancées technologiques en matière de surveillance.

L' alignement d'une multinationale sur les principes de l'OCDE

Dans le contexte global actuel, une multinationale avant-gardiste s'efforce d'harmoniser ses pratiques en intelligence artificielle avec les principes directeurs établis par l'OCDE. Cette démarche vise à refléter son engagement envers une IA responsable et éthique. Le défi réside dans l'implémentation de ces principes au sein d'une structure d'entreprise étendue et complexe, qui s'étale sur diverses juridictions avec des réglementations variées.

Pour relever ce défi, la multinationale a initié la création d'un comité d'éthique en IA, chargé de superviser et de guider l'intégration des principes éthiques dans toutes les sphères d'activité. En parallèle, elle a procédé à une révision systématique de ses processus de développement de produits pour y intégrer une évaluation éthique rigoureuse et pour en accroître la transparence.

Ces initiatives ont porté leurs fruits, permettant à l'entreprise de se forger une réputation solide sur l'échiquier international comme pionnière de l'IA responsable et éthique. En se positionnant ainsi, elle gagne la confiance de sa clientèle et de ses partenaires, tout en pavant la voie à une nouvelle norme dans l'utilisation de l'intelligence artificielle au sein du monde des affaires.

À travers les exemples de ce chapitre, nous avons vu comment l'adaptabilité, la transparence et l'éthique sont indispensables pour une réglementation de l'IA efficace. Ces concepts, introduits et discutés tout au long de ce chapitre (référence aux sections 6.1.1 et 6.1.2), sont essentiels pour naviguer dans le paysage en constante évolution de l'IA.

L'importance des réglementations adaptatives se concrétise lorsqu'on considère 'AutoDrive Inc.', qui a dû constamment mettre à jour ses protocoles de sécurité des véhicules autonomes pour s'aligner sur les dernières directives réglementaires, tout en poursuivant ses innovations dans l'apprentissage automatique pour la navigation autonome.

6.2.3   Résultats des politiques adaptatives et leur importance

Les résultats de ces nouvelles réglementations, mettent en lumière comment elles ont permis une intégration plus fluide des véhicules autonomes tout en assurant la sécurité et la vie privée des utilisateurs. Cela sert de preuve que des réglementations bien pensées et évolutives sont non seulement possibles mais essentielles pour embrasser les bénéfices de l'IA tout en atténuant ses risques.

La France a adapté son code de la route pour inclure les véhicules autonomes, notamment en créant de nouvelles définitions et catégories pour les véhicules selon leur niveau d'autonomie.

Des permis spéciaux ou des certifications pour les conducteurs ou les opérateurs de systèmes de véhicules autonomes ont été envisagés pour s'assurer que les individus disposent des compétences nécessaires pour gérer ces technologies.

La France, en conformité avec le RGPD de l'UE, a imposé des normes strictes en matière de cybersécurité et de protection des données pour les véhicules connectés.

En considérant l'exemple des véhicules autonomes, nous démontrons comment des réglementations adaptatives sont fondamentales pour l'évolution de l'IA. Cela souligne l'importance de cadres législatifs qui peuvent se développer en tandem avec les innovations technologiques.

« Les véhicules autonomes ne sont qu'un exemple parmi tant d'autres qui illustrent la nécessité de réglementations évolutives. Ce constat nous amène à une conclusion essentielle : pour que l'IA soit un levier de progrès bénéfique pour tous, les réglementations doivent être conçues avec perspicacité et prévoyance. »

6.2.3.1   Section récapitulative des approches réglementaires

Cette section récapitulative vise à souligner les interactions et influences entre les différentes approches réglementaires en IA présentées. En analysant les stratégies de l'Union Européenne, des États-Unis et de l'OCDE, nous pouvons discerner des thèmes communs et des différences qui enrichissent le dialogue international sur la gouvernance de l'IA.

Union Européenne (UE) : avec le RGPD, l'UE a établi un précédent pour la protection des données personnelles et la gouvernance (voir section 6.1.2). Les principes de transparence et de consentement ont informé des discussions plus larges sur l'éthique de l'IA et ont servi de référence pour d'autres réglementations, comme l'acte sur l'intelligence artificielle.

États-Unis : l'approche flexible des États-Unis, axée sur des initiatives sectorielles, complète la rigueur du RGPD en soulignant l'importance de l'innovation (référence à la section 6.1.2). Ce modèle décentralisé peut inspirer des mécanismes de gouvernance adaptatifs mentionnés dans la section 6.1.3.

OCDE : les principes directeurs de l'OCDE agissent comme un pont entre les approches rigides et flexibles, promouvant une harmonisation des valeurs démocratiques et des droits humains dans la conception de l'IA (détails fournis en section 6.1.2 et 6.1.3).

En synthétisant ces perspectives, nous observons que, bien que les approches varient, elles convergent vers une compréhension commune de l'importance de l'éthique, de la sécurité, de la transparence et de l'adaptabilité dans la réglementation de l'IA. Cette convergence peut faciliter la formation d'un cadre réglementaire international cohérent qui soutient l'innovation tout en protégeant les droits individuels et sociaux.

6.2.3.2 Conclusion

La réglementation de l'IA est une tâche complexe qui nécessite une collaboration internationale, des discussions éthiques approfondies et une participation active des acteurs de l'industrie. En établissant des réglementations qui encouragent l'innovation responsable et en s'assurant que les progrès technologiques respectent les valeurs fondamentales, nous pouvons espérer tirer le meilleur parti de l'IA pour le bien de tous. En résumé, les efforts du GAIEC, les réglementations spécifiques de l'UE comme le RGPD, et les principes directeurs de l'OCDE constituent ensemble un échafaudage sur lequel les politiques d'adaptabilité, indispensables à la gouvernance de l'IA, peuvent être construites et améliorées.

6.3 Normes et certifications en IA et RSE

6.3.1 Cadre de normalisation pour l'IA et la RSE

Les normes et certifications jouent un rôle clé dans le paysage de l'intelligence artificielle (IA) et de la responsabilité sociétale des entreprises (RSE), offrant des référentiels objectifs pour évaluer la conformité et guider les meilleures pratiques. En définissant des critères clairs, elles permettent aux organisations de structurer leur approche en matière d'éthique, de gouvernance et de responsabilité sociale.

6.3.1.1 Normes Internationales pour la RSE

Les normes ISO, telles que l'ISO 26000 pour la responsabilité sociétale, fournissent des directives sur la manière dont les entreprises peuvent opérer de manière socialement responsable. Elles couvrent divers aspects de la RSE, y compris la gouvernance d'entreprise, les droits de l'Homme, les pratiques de travail éthiques, l'environnement, les opérations équitables et le développement communautaire. En intégrant ces principes, les entreprises peuvent aligner leur utilisation de l'IA avec des objectifs sociaux et environnementaux plus larges.

Pour aborder la section sur les normes et certifications en IA et RSE (Responsabilité Sociétale des Entreprises), nous pourrions raconter l'histoire d'InnoTech, une entreprise fictive spécialisée dans les solutions d'IA pour le secteur de la santé.

6.3.1.2 Narration d'ouverture sur InnoTech

InnoTech a récemment entrepris de restructurer ses opérations et sa chaîne de valeur pour s'aligner sur les normes internationales de RSE et les certifications éthiques en IA. En intégrant des directives comme l'ISO 26000 et en se conformant aux standards de l'IEEE sur la transparence et la responsabilité en IA, InnoTech a établi une nouvelle référence dans l'industrie.

Bénéfices de l'adoption des normes

En adoptant ces normes, InnoTech a bénéficié de plusieurs avantages :

- ✓ *Confiance accrue des consommateurs : les patients et les professionnels de la santé ont exprimé une plus grande confiance dans les produits d'InnoTech, sachant que l'entreprise s'engageait à respecter la vie privée et l'éthique.*
- ✓ *Avantage concurrentiel : avec les certifications éthiques, InnoTech s'est démarquée de ses concurrents, attirant des partenariats stratégiques et de nouveaux investissements.*
- ✓ *Innovation responsable : en se focalisant sur des IA conformes aux objectifs de développement durable, InnoTech a pu innover tout en ayant un impact social positif, par exemple en améliorant l'accessibilité aux soins de santé pour les communautés défavorisées.*

Impact sur l'entreprise et la société

L'histoire d'InnoTech servirait à illustrer comment l'intégration de normes et de certifications peut transformer une entreprise et, par extension, exercer un impact positif sur la société. Cela mettrait en lumière l'importance d'une approche standardisée pour assurer une utilisation responsable et bénéfique de l'IA.

Ayant établi l'importance cruciale de l'éthique dans l'IA, nous nous tournons maintenant vers les dilemmes spécifiques que pose cette technologie. Cette section décortiquera les enjeux éthiques liés à l'IA, des préoccupations concernant la vie privée jusqu'aux questions de biais et de justice.

6.3.2 Certifications en éthique de l'IA : un levier pour l'innovation responsable

Des institutions comme l'Institute of Electrical and Electronics Engineers (IEEE) ont développé des standards et des certifications spécifiques à l'éthique en IA. Ces normes se concentrent sur des aspects clés tels que la transparence, la responsabilité et la protection des données. Elles aident les organisations à :

> *Auto-Évaluation : Évaluer leurs systèmes d'IA contre des benchmarks éthiques et techniques reconnus.*
>
> *Démonstration de Conformité : Prouver leur engagement envers une IA éthique à travers une certification reconnue.*
>
> *Amélioration Continue : Identifier les domaines de progrès et s'adapter aux nouvelles exigences éthiques à mesure qu'elles évoluent.*

Avec la compréhension des normes et certifications éthiques en toile de fond, plongeons dans le parcours de CyberEthics Tech pour voir comment ces principes sont mis en pratique dans l'univers concurrentiel de la finance personnelle.

6.3.2.1 "CyberEthics Tech : un cas d'étude en certification éthique de l'IA"

CyberEthics Tech, face à un marché de plus en plus soucieux de l'éthique, a décidé de poursuivre une certification en éthique de l'IA délivrée par une institution reconnue comme l'IEEE. Cette démarche a été motivée par le désir de l'entreprise de prouver son engagement envers des pratiques responsables et d'obtenir un avantage compétitif.

Processus de certification et changements

Le processus de certification a été rigoureux, impliquant une évaluation approfondie des pratiques de l'entreprise en matière de transparence, de responsabilité et de protection des données. CyberEthics Tech a dû :

> *Auto-Évaluation : Passer en revue ses algorithmes et ses processus décisionnels pour s'assurer qu'ils respectaient des benchmarks éthiques et techniques élevés.*
>
> *Révision des Politiques : Mettre à jour ses politiques internes pour garantir la conformité avec les standards éthiques, y compris la correction des biais potentiels et l'amélioration de la clarté des processus décisionnels de l'IA.*

Résultats et Impacts

En conséquence, CyberEthics Tech a non seulement obtenu la certification mais a également :

> *Renforcé la Confiance des Clients : Les utilisateurs ont montré un plus grand intérêt et une confiance accrue dans les produits de CyberEthics Tech, sachant que leurs données financières étaient gérées de manière éthique.*
>
> *Innovation Responsable : La certification a encouragé l'entreprise à innover en continu tout en respectant des lignes directrices éthiques strictes, ce qui a mené à de nouvelles fonctionnalités bénéfiques pour les consommateurs.*

Conclusion

Le voyage de CyberEthics Tech vers la certification en éthique de l'IA est un excellent exemple de la manière dont les entreprises peuvent non seulement respecter mais aussi bénéficier de normes éthiques élevées, transformant ainsi les défis éthiques en opportunités de croissance et d'amélioration.

« En finalité, l'obtention de la certification par CyberEthics Tech a transcendé une simple validation de conformité.

Elle a été intégrée dans leur ADN d'entreprise, influençant toutes les décisions opérationnelles et stratégiques. La leçon ici est claire : la certification n'est pas un objectif en soi, mais un voyage continu vers l'excellence éthique, qui renforce la confiance et la fidélité des clients. »

6.3.3 Rôle des normes dans l'intégration de l'IA

Les normes sont essentielles pour guider l'intégration de l'IA dans les pratiques commerciales. Elles servent de balises pour :

Performance et Éthique : Assurer que les systèmes d'IA ne sont pas seulement performants mais aussi éthiquement conçus et déployés.

Alignement avec les Valeurs Sociétales : Garantir que l'utilisation de l'IA par une entreprise est en accord avec les attentes sociétales et les objectifs de développement durable.

Conclusion

Les normes et certifications sont des outils indispensables pour naviguer dans le domaine complexe de l'IA et de la RSE. Elles offrent aux organisations une voie pour démontrer leur engagement envers une technologie responsable et pour se distinguer sur un marché de plus en plus conscient des implications sociales et éthiques de l'IA. Ce chapitre met en évidence la manière dont ces normes peuvent être appliquées et les avantages qu'elles apportent, tant pour les entreprises que pour la société dans son ensemble

"Les défis éthiques identifiés nous mènent à la question de la gouvernance. Comment régule-t-on une technologie aussi pervasive et puissante ? La section suivante examine les cadres de gouvernance actuels, leur efficacité et les domaines nécessitant une attention accrue pour aligner les avancées de l'IA avec les valeurs sociétales.

6.4 Rôle de la gouvernance dans l'innovation responsible

6.4.1 Introduction

La gouvernance dans le domaine de l'Intelligence Artificielle (IA) n'est pas seulement une question de régulation ; elle concerne également la direction de l'innovation vers des voies qui renforcent la société et respectent l'environnement. Une bonne gouvernance d'IA encourage l'utilisation de cette technologie pour relever des défis majeurs tout en veillant à ce que son déploiement soutienne une croissance économique inclusive et durable.

6.4.2 Gouvernance et innovation responsible

La gouvernance responsable de l'IA implique de veiller à ce que les technologies émergentes, comme l'IA, soient développées et utilisées de manière à bénéficier à la société dans son ensemble.

Cela signifie :

Encourager les avancées éthiques : la gouvernance doit promouvoir des avancées en IA qui respectent les principes éthiques fondamentaux et les droits de l'homme.

Stimuler les innovations vertes : soutenir le développement d'IA qui aide à résoudre les problèmes environnementaux, comme le changement climatique ou la conservation de la biodiversité.

Répondre aux besoins sociaux : utiliser l'IA pour répondre aux besoins urgents de la société, comme l'amélioration des systèmes de santé et d'éducation.

6.4.2.1 Prenons l'exemple de l'entreprise fictive "GreenAI Innovations

Elle spécialisée dans les solutions d'IA pour l'agriculture durable.

À ses débuts, GreenAI Innovations a lancé plusieurs projets d'IA prometteurs sans un cadre de gouvernance solide, ce qui a conduit à des problèmes éthiques et environnementaux inattendus, comme l'exploitation non régulée de données agricoles et l'utilisation inefficace des ressources naturelles.

Leçons Tirées

L'expérience malheureuse de GreenAI Innovations a servi de catalyseur pour repenser la gouvernance de l'IA au sein de l'entreprise. Les leçons tirées ont été cruciales pour établir :

Des normes éthiques : l'entreprise a développé des principes éthiques stricts pour guider le développement de ses produits.

Un Engagement envers l'Environnement : Ils ont révisé leurs méthodes pour assurer la durabilité et la réduction de l'empreinte écologique de leurs solutions d'IA.

Mise en œuvre de la gouvernance

Avec ces leçons en tête, GreenAI Innovations a mis en place une gouvernance qui :

- Encourage l'innovation responsable : la gouvernance d'IA chez GreenAI s'assure que toute innovation respecte les principes éthiques et environnementaux.
- Favorise des partenariats stratégiques : l'entreprise a initié des collaborations avec des entités gouvernementales et des ONG pour aligner ses projets d'IA avec les objectifs de développement durable.
- Engage la communauté : GreenAI a commencé à impliquer la communauté agricole dans le développement de l'IA, s'assurant que les technologies répondent réellement à leurs besoins.
- Impact de la bonne gouvernance

En adoptant une gouvernance réfléchie, GreenAI Innovations est devenue un leader dans le domaine de l'agriculture intelligente, démontrant que l'innovation responsable peut conduire à une croissance économique tout en respectant l'éthique et l'environnement.

Alors que GreenAI Innovations a illustré comment la gouvernance peut transformer des erreurs en succès, l'histoire de TechForward sert d'avertissement puissant sur les risques d'une gouvernance négligente et sur la nécessité impérieuse de l'éthique dans le développement de l'IA.

"L'expérience de GreenAI Innovations démontre que l'adoption de normes éthiques n'est pas seulement une nécessité réglementaire, mais aussi un vecteur d'innovation et de compétitivité. L'intégration de ces normes dans ses processus a mené à une approche plus durable et respectueuse de l'environnement, prouvant que la responsabilité éthique peut également être synonyme de succès commercial.

6.4.2.2 Le cas de la société fictive "TechForward"

Un géant de l'IA qui a connu une croissance rapide, illustre parfaitement les conséquences d'une gouvernance défaillante.

La chute de TechForward

TechForward était à l'avant-garde de l'intelligence artificielle appliquée à la reconnaissance faciale. Cependant, dans la précipitation de battre la concurrence, l'entreprise n'a pas mis en place des mécanismes de gouvernance adéquats pour surveiller l'utilisation éthique de ses technologies. Cela a entraîné des problèmes de violation de la vie privée et de biais algorithmique, provoquant un scandale public et la perte de confiance des consommateurs.

Les Leçons apprises

De cette expérience, plusieurs leçons ont été tirées :

- Importance de la prévoyance : il est crucial d'anticiper les conséquences à long terme des innovations en IA.
- Nécessité d'une gouvernance robuste : des structures de gouvernance fortes sont essentielles pour guider l'innovation responsable.
- Engagement envers les principes éthiques : l'adhésion à des principes éthiques stricts doit être au cœur de la mission d'une entreprise technologique.

Réforme et résilience

Après avoir reconnu ses erreurs, TechForward a entrepris une réforme complète de sa gouvernance. La société a instauré :

Des Comités d'éthique : des groupes multidisciplinaires pour évaluer l'impact éthique de leurs produits.

Des audits réguliers : des vérifications fréquentes pour s'assurer de la conformité aux normes éthiques et réglementaires.

Une transparence accrue : la divulgation des méthodes et des résultats des tests d'IA pour un examen public.

L'avenir avec une gouvernance éclairée

Aujourd'hui, TechForward est devenue un exemple de la manière dont une entreprise peut rebondir après une crise de gouvernance. En mettant l'éthique au premier plan, elle a non seulement restauré sa réputation mais a également contribué à promouvoir une industrie de l'IA plus consciente et responsable.

Conclusion

L'histoire de TechForward démontre que la gouvernance ne doit pas être une pensée après coup mais une fondation sur laquelle construire l'innovation. Elle prouve que lorsque l'innovation est guidée par une gouvernance solide, elle peut prospérer de manière éthique et durable.

"TechForward a finalement redressé le cap grâce à une gouvernance éclairée, ce qui nous amène à la considération de la collaboration multisectorielle : une pierre angulaire pour une IA éthique qui nécessite l'engagement harmonisé du secteur public, du privé et de la société civile."

"TechForward, après avoir affronté la tempête d'une gouvernance défaillante, nous montre qu'une reconstruction autour de la gouvernance éthique peut mener à une renaissance de l'entreprise. Leur conclusion souligne l'importance de la prévoyance et la mise en place d'une culture d'entreprise qui valorise l'éthique aussi bien que l'innovation."

6.4.3 Collaboration Multisectorielle

Une gouvernance efficace de l'IA nécessite une collaboration étroite entre les secteurs public et privé ainsi que la société civile :

> *Partenariats public-privé : des collaborations où les ressources et les connaissances sont partagées pour accélérer le développement de solutions d'IA qui servent l'intérêt public.*
>
> *Initiatives de financement : les gouvernements et les institutions privées peuvent offrir des financements et des incitations pour les startups et les entreprises qui développent des IA éthiques.*
>
> *Engagement de la société civile : impliquer les ONG, les groupes de réflexion et les citoyens dans le processus de gouvernance pour garantir que l'IA reflète une gamme diversifiée de perspectives et de valeurs.*

"La notion de collaboration multisectorielle prend vie à travers l'initiative 'AI for Good', un exemple édifiant de ce qui est possible lorsque divers secteurs s'unissent pour canaliser l'IA vers le bien social et environnemental."

6.4.3.1 Collaboration multisectorielle pour une IA éthique

La synergie entre les secteurs public et privé a le potentiel de catalyser des progrès substantiels dans le développement d'une intelligence artificielle éthique. L'initiative "AI for Good" est un exemple frappant de ce type de collaboration fructueuse.

L'Initiative "AI for Good"

"AI for Good" est le fruit d'un partenariat stratégique entre le gouvernement, des entreprises de technologie de premier plan, des universités et des ONG. Le projet a été conçu pour orienter l'IA vers des solutions qui adressent les défis sociaux et environnementaux.

La conception de la collaboration

Le gouvernement a fourni le financement initial et le cadre réglementaire nécessaire pour encourager des innovations responsables. De leur côté, les entreprises privées ont apporté leur expertise technique et des ressources de recherche et de développement. Les universités ont contribué par leur recherche de pointe et leur capacité à analyser de grandes quantités de données pour des solutions durables. Les ONG ont joué le rôle de conseillers éthiques et de médiateurs entre les parties prenantes et les communautés affectées par les technologies d'IA.

Réalisations notables

Un des projets phares d'"AI for Good" a été le développement d'un système d'IA pour optimiser la distribution de ressources en cas de catastrophes naturelles. Ce système utilise l'analyse prédictive pour anticiper les besoins en ressources d'urgence et coordonne la logistique pour une distribution efficace, réduisant ainsi le temps de réponse et maximisant l'impact de l'aide.

Impact et reconnaissance

La réussite de cette initiative a été reconnue mondialement, servant de modèle pour d'autres partenariats similaires. "AI for Good" a démontré que lorsque les efforts sont unis autour d'un objectif commun, l'IA peut être utilisée de façon éthique pour le bénéfice de l'humanité.

Conclusion

La collaboration multisectorielle de "AI for Good" illustre comment une gouvernance bien pensée et une coopération entre les différents secteurs peuvent mener à des avancées significatives dans le domaine de l'IA éthique. Cette initiative met en lumière le potentiel incroyable de l'IA lorsqu'elle est guidée par des valeurs communes et un engagement partagé pour le bien social.

"L'impact positif de 'AI for Good' offre un prélude inspirant aux histoires de startups comme GreenAI, HealthEthics et EduAI, qui incarnent l'esprit d'une innovation responsable soutenue par une gouvernance réfléchie."

Elle illustre la puissance d'une gouvernance collaborative pour adresser des problèmes mondiaux complexes. La conclusion de leur étude de cas met en avant comment une vision partagée entre différents secteurs peut mener à des avancées significatives, et fait de 'AI for Good' un modèle pour de futures initiative

6.5 Exemples d'innovation responsable

L'innovation responsable dans le domaine de l'intelligence artificielle est incarnée par des startups qui, guidées par une gouvernance éclairée, développent des technologies alignées sur des valeurs éthiques et sociales. Ces jeunes entreprises émergent comme des modèles d'excellence, prouvant que l'innovation et la responsabilité peuvent aller de pair.

Recherche collaborative : les universités, les entreprises et les gouvernements collaborent sur des projets de recherche qui visent à créer des IA qui peuvent, par exemple, optimiser les réseaux de transport pour réduire les émissions ou analyser de grandes quantités de données médicales pour détecter des maladies.

Startups éthiques : des incubateurs et des accélérateurs soutiennent des startups qui s'engagent à créer des solutions d'IA responsables, telles que des applications qui protègent la vie privée ou des systèmes qui réduisent les biais dans les processus de décision.

6.5.1 Cas de startups innovantes

La convergence de l'éthique et de l'innovation se manifeste de manière éloquente à travers une série de startups qui repoussent les frontières de l'IA tout en restant ancrées dans une gouvernance responsable. GreenAI, HealthEthics et EduAI, bien que différentes dans leurs applications sectorielles, partagent une vision commune : le déploiement de l'IA doit s'accompagner d'un engagement indéfectible envers les principes éthiques.

GreenAI incarne cet engagement en optimisant l'utilisation des ressources énergétiques pour les algorithmes d'IA, illustrant une conscience environnementale qui transcende le simple cadre technologique. En parallèle, HealthEthics révolutionne le domaine médical non seulement par ses innovations en IA mais aussi par son dévouement à la confidentialité des données et à la prise de décision équitable, ce qui garantit une attention particulière aux implications éthiques de ses applications. EduAI, quant à elle, met en œuvre une démarche similaire dans le domaine de l'éducation, en personnalisant l'apprentissage tout en veillant scrupuleusement à l'inclusivité et à la non-discrimination.

En fusionnant les perspectives de ces trois pionniers, il devient évident que l'innovation responsable en IA transcende les silos industriels. Elle repose sur une fondation éthique solide qui informe les pratiques de gouvernance et guide le développement technologique. Ainsi, bien que chaque entreprise apporte sa propre couleur au tableau de l'IA éthique, ensemble, elles composent une mosaïque de l'innovation responsable, démontrant que l'engagement envers des principes éthiques forts est non seulement possible mais également profitable dans le paysage technologique moderne."

Impact et Reconnaissance

Ces startups ne sont pas seulement reconnues pour leurs innovations; elles sont également célébrées pour leur engagement envers une gouvernance éthique. Elles ont établi de nouveaux standards dans leurs secteurs respectifs, montrant que les entreprises peuvent prospérer tout en restant fidèles à des principes éthiques rigoureux.

6.5.2 Conclusion

Les exemples de GreenAI, HealthEthics, et EduAI démontrent que l'innovation responsable n'est pas une contrainte mais une opportunité. Ces cas illustrent comment la gouvernance éclairée peut guider les startups vers des succès qui bénéficient à la société et à l'environnement, tout en forgeant un avenir durable pour l'industrie de l'IA.

Le rôle de la gouvernance est essentiel pour façonner un avenir où l'IA est synonyme de progrès équitable et durable. En établissant des partenariats stratégiques, en facilitant le financement éthique et en engageant tous les acteurs de la société, la gouvernance peut garantir que l'innovation en IA reste alignée avec les objectifs de développement durable et les besoins humains fondamentaux. Ce chapitre souligne l'importance de ces efforts et propose des voies pour une gouvernance qui non seulement régule mais aussi inspire et oriente l'innovation vers le plus grand bien.

La gouvernance de l'intelligence artificielle (IA) est une quête mondiale qui façonne activement l'avenir de la technologie et de la société. À travers ce chapitre, nous avons exploré les multiples facettes de la gouvernance de l'IA, depuis l'établissement de cadres réglementaires jusqu'à l'innovation responsable guidée par des principes éthiques.

À travers les voyages distincts de CyberEthics Tech, GreenAI Innovations et TechForward, nous avons vu comment l'éthique et la gouvernance façonnent l'innovation dans l'IA. L'initiative 'AI for Good' et les startups pionnières comme GreenAI, HealthEthics et EduAI amplifient cette vision, montrant que l'avenir de l'IA est non seulement brillant mais aussi éthiquement guidé.

Les startups comme GreenAI, HealthEthics, et EduAI incarnent l'esprit de l'innovation responsable. En conclusion, leur engagement envers une gouvernance éthique a non seulement façonné leurs produits et services mais a également établi de nouvelles normes pour l'industrie. Leur succès témoigne que l'éthique est un atout commercial et un catalyseur d'innovation.

Thème	Description	Concepts Associés
Certification Éthique	Le processus et l'importance d'obtenir une certification éthique en IA, comme illustré par la quête de certification IEEE par CyberEthics Tech.	Transparence, Responsabilité, Protection des données
Innovation Responsable	Comment la gouvernance peut orienter l'innovation vers des résultats bénéfiques pour la société, souligné par l'approche de gouvernance de GreenAI Innovations.	Avancements Éthiques, Innovation Verte, Besoins Sociaux
Collaboration Multisectorielle	L'impact des collaborations à travers les secteurs public, privé et associatif dans la promotion de l'IA éthique, comme vu dans l'initiative "AI for Good".	Partenariats Public-Privé, Initiatives de Financement, Engagement Civil
Gouvernance et Régulation	Le rôle de la gouvernance dans la mise en forme de l'utilisation de l'IA par le biais de cadres réglementaires, avec des références aux efforts internationaux et le cas de TechForward.	Cadres Réglementaires, Approches Internationales
Startups Éthiques	Des startups comme GreenAI, HealthEthics et EduAI sont des exemples de la manière dont l'innovation peut s'aligner avec des valeurs éthiques et sociales, démontrant un développement responsable dans l'industrie de l'IA.	Éco-efficacité, Protection de la vie privée, Réduction des biais
La Gouvernance comme Catalyseur	La notion que la gouvernance ne doit pas être une réflexion après coup mais la fondation de l'innovation, mise en évidence par le parcours et la transformation de TechForward après avoir fait face à des défis de gouvernance.	Comités Éthiques, Audits Réguliers, Transparence

Etudes de Cas	Cadres Réglementaires Appliqués	Processus de Certification Éthique	Innovations Responsables	Gouvernance de l'IA	Collaboration Multisectorielle
CyberEthics Tech	Règlementation UE sur l'IA	Certifié par IEEE-Ethics	Développement de systèmes de décision éthique	Comité d'éthique indépendant	Partenariat avec des universités
GreenAI Innovations	Normes ISO pour l'environnement durable	Label GreenTech	Systèmes IA à faible empreinte carbone	Conseil d'administration avec un siège pour un expert en éthique	Collaboration avec des ONG environnementales
Startups Pionnières en IA	Principes d'éthique de l'Asilomar	Programme de mentorat éthique	IA pour l'inclusion sociale	Gouvernance partagée avec les parties prenantes	Forums de l'industrie pour partager les meilleures pratiques

6.5.3 Leçons clés de la gouvernance de l'IA

Cadre réglementaire global : l'importance d'un cadre réglementaire adaptatif et robuste est indéniable. Comme illustré par les efforts internationaux, une réglementation réfléchie est cruciale pour naviguer dans le paysage en évolution rapide de l'IA tout en protégeant les individus et en stimulant l'innovation durable.

Approches réglementaires internationales : les études de cas de l'UE, des États-Unis et de l'OCDE montrent qu'il existe plusieurs voies pour réglementer l'IA, chacune avec ses forces et ses défis. La diversité des approches reflète les différents contextes culturels et politiques et souligne la nécessité d'une collaboration internationale.

Normes et certifications : les histoires d'entreprises qui adoptent des normes et des certifications montrent comment ces outils peuvent guider l'utilisation éthique de l'IA et renforcer la responsabilité sociale. Ils sont essentiels pour inspirer confiance et garantir que les technologies respectent les valeurs humaines.

Gouvernance et innovation responsable : les récits d'innovation responsable démontrent que la gouvernance n'est pas un frein mais un catalyseur pour une technologie qui avance de manière équitable et durable. Les startups, avec leur dynamisme et leur éthique, incarnent ce potentiel d'innovation guidée par une gouvernance réfléchie.

6.5.4 L'appel à l'action collaborative

La synthèse de ces sections révèle un appel clair à l'action collaborative. Pour réaliser pleinement le potentiel de l'IA, tous les acteurs – gouvernements, industries, institutions éducatives et société civile – doivent travailler de concert. L'engagement à une gouvernance responsable et la promotion de l'innovation éthique doivent être des priorités communes pour façonner un avenir où l'IA renforce la société et respecte les individus.

Vision d'ensemble

En regardant vers l'avenir, la gouvernance de l'IA doit continuer à être agile, inclusive et visionnaire. Les leçons tirées de chaque section de ce chapitre ne sont pas seulement des réflexions sur le présent; elles sont des fondations sur lesquelles construire une ère de l'IA qui est à la fois révolutionnaire et respectueuse de la dignité humaine. L'avenir de l'IA est lumineux si nous maintenons le cap sur une gouvernance qui valorise l'éthique, la collaboration et l'innovation responsable. En restant engagés dans cette voie, nous pouvons veiller à ce que l'IA soit synonyme de progrès pour tous.

"En parcourant les enjeux éthiques, les cadres de gouvernance, et les exemples d'innovation responsable, ce chapitre a cherché à cartographier le paysage complexe de l'IA éthique. Ces éléments constituent des pièces d'un puzzle plus grand, celui de l'intégration harmonieuse de l'IA dans notre avenir. En conclusion, nous réfléchirons aux leçons tirées et à la manière dont elles peuvent façonner les développements futurs de l'IA."

Appel à l'action

Nous invitons maintenant chaque acteur de l'industrie de l'IA — qu'il s'agisse de startups naissantes, de géants technologiques établis, d'institutions académiques ou de régulateurs — à prendre ces études de cas comme un point de départ vers une réflexion plus profonde et une action déterminée.

Engagez-vous à une auto-évaluation éthique régulière et à une amélioration continue.

Poursuivez des certifications qui non seulement attestent de vos pratiques, mais qui vous poussent à élever vos standards.

Collaborez à travers les secteurs pour développer une IA qui respecte les droits de l'homme et promeut le développement durable.

Innovez en tenant compte de l'impact environnemental et social de vos technologies.

Éduquez votre personnel, vos clients et vos partenaires sur l'importance de l'éthique dans l'IA.

Le chemin vers une IA véritablement éthique et responsable est complexe et exigeant, mais les récompenses — une société plus juste, une technologie plus sûre et des entreprises plus respectées — sont inestimables. Laissez les cas de réussite présentés ici vous inspirer, mais n'oubliez pas que chaque jour offre une nouvelle opportunité de poser des actions significatives. L'avenir de l'IA est entre nos mains ; façonnons-le avec sagesse, prudence et audace.

Le quiz des pionniers

Quel est le but principal d'intégrer des normes éthiques dans la gouvernance de l'IA ? a) Limiter l'innovation dans le domaine de l'IA b) S'assurer que l'IA est développée et utilisée de manière responsable c) Augmenter les profits des entreprises technologiques

Comment les partenariats public-privé peuvent-ils contribuer à la gouvernance de l'IA ? a) En permettant aux entreprises de contourner les réglementations b) En partageant des ressources pour le développement d'IA bénéfiques au public c) En se concentrant uniquement sur les intérêts des entreprises privées

Quel rôle joue la société civile dans la gouvernance de l'IA ? a) Elle est exclue du processus de gouvernance de l'IA b) Elle aide à garantir que l'IA reflète une diversité de perspectives et de valeurs c) Elle surveille uniquement les échecs de l'IA

Pourquoi est-il important que les réglementations de l'IA soient évolutives ? a) Pour permettre des ajustements réguliers en fonction des avancées technologiques b) Pour rendre les lois plus complexes et difficiles à comprendre c) Pour que les réglementations restent inchangées sur de longues périodes

Quelle initiative pourrait encourager les entreprises à adopter des pratiques d'IA éthiques ? a) Des sanctions sévères pour toute utilisation de l'IA b) Des incitations fiscales pour les entreprises qui suivent des lignes directrices éthiques c) L'absence de réglementations ou de normes

Réponses au Quiz: 1-b, 2-b, 3-b, 4-a, 5-b

La route de la réflexion

Envisagez comment votre propre communauté ou secteur pourrait être affecté par les développements en IA. Quel type de gouvernance serait nécessaire pour guider ces changements de manière bénéfique ?

Réfléchissez aux défis que pourrait poser l'IA en termes de sécurité des données. Comment les réglementations et les normes peuvent-elles aider à protéger la vie privée des individus ?

Discutez des manières dont les entreprises peuvent être encouragées à adopter des pratiques d'IA éthiques sans entraver l'innovation.

Quels sont les avantages et les inconvénients potentiels des initiatives de financement pour les startups d'IA éthiques ?

7. Transparence et responsabilite en IA

7.1 Gouvernance éthique de l'IA

7.1.1 RGPD et protection des données

7.1.1.1 Compréhension des systèmes d'IA

La transparence des algorithmes est la pierre angulaire d'une technologie d'IA éthique et fiable. Elle permet aux utilisateurs de comprendre les mécanismes de prise de décision et les raisons pour lesquelles certains résultats sont produits. Cette compréhension est essentielle non seulement pour construire la confiance mais aussi pour permettre une collaboration efficace entre les humains et les machines.

7.1.1.2 Clarté des processus algorithmiques

La transparence nécessite que les algorithmes soient ouverts à l'examen :

Documentation : fournir une documentation détaillée sur la conception, le fonctionnement et les limitations des algorithmes.

Explicabilité : s'assurer que les systèmes d'IA peuvent expliquer leurs décisions en termes compréhensibles pour l'utilisateur final.

Interface utilisateur : concevoir des interfaces qui informent clairement les utilisateurs sur la manière dont leurs données sont utilisées et comment les décisions sont prises.

7.1.1.3 Décisions et principes opérationnels

Pour que les systèmes d'intelligence artificielle (IA) soient bénéfiques et fiables, ils doivent être construits et opérer sur des principes éthiques clairs et universellement reconnus. Ces principes garantissent que l'IA est déployée d'une manière qui respecte les valeurs fondamentales de la société, comme l'équité, la non-discrimination et la justice. Il est essentiel que ces systèmes n'exacerbent pas les inégalités existantes ou ne créent pas de nouveaux biais.

En outre, il est tout aussi crucial d'établir des cadres de gouvernance robustes pour ces systèmes. Ces cadres doivent préciser de manière détaillée la manière dont les systèmes d'IA fonctionnent, comment ils prennent les décisions, et comment ils interagissent avec les utilisateurs finaux. Une gouvernance solide assure que les systèmes d'IA sont utilisés de manière responsable, qu'ils sont soumis à des contrôles rigoureux et que leur impact sur les individus et la société est positif et contrôlé.

En alignant les opérations des systèmes d'IA sur ces principes d'éthique et en les encadrant avec une gouvernance adéquate, on s'assure que la technologie progresse non seulement de manière innovante mais aussi de manière juste et équitable, renforçant la confiance du public dans l'IA.Les systèmes d'IA doivent opérer sur des principes clairement définis :*

Amélioration des systèmes d'IA

La transparence des algorithmes d'intelligence artificielle (IA) est une pierre angulaire pour assurer leur intégrité et leur justesse. Elle ouvre la voie à la détection et à la correction des biais systémiques ou des erreurs potentielles. Pour cela, il est primordial d'instaurer des mécanismes de révisions continues, permettant une évaluation et une amélioration constantes des systèmes d'IA. Ces processus devraient intégrer les retours des utilisateurs finaux et s'appuyer sur des audits réalisés par des tiers indépendants, assurant ainsi l'objectivité et l'exactitude des révisions.

Parallèlement, une attention particulière doit être accordée à la gestion des biais. Exploiter la transparence des algorithmes permet non seulement de repérer les biais dans les jeux de données mais aussi d'identifier les tendances problématiques dans les méthodes d'apprentissage automatique. Une fois détectés, des efforts concertés doivent être déployés pour atténuer ces biais, garantissant ainsi que les systèmes d'IA fonctionnent de manière équitable et ne perpétuent pas d'injustices préexistantes.

7.1.1.4 Données utilisées pour l'entraînement

La gestion des données qui nourrissent les systèmes d'intelligence artificielle (IA) se doit d'être effectuée avec une transparence irréprochable. Il est fondamental de documenter et de communiquer clairement sur la provenance des données, traçant ainsi leur origine et leur parcours avant qu'elles ne soient utilisées pour entraîner les systèmes d'IA. Cette traçabilité assure que les sources de données sont légitimes, éthiques et conformes aux normes de protection de la vie privée en vigueur.

En parallèle, la qualité des données doit être une priorité absolue. Il incombe aux gestionnaires de systèmes d'IA de s'assurer que les jeux de données sont non seulement de haute qualité, mais qu'ils sont également représentatifs de la diversité et des complexités du monde réel. Il est également crucial de prouver la pertinence des données utilisées, car cela a un impact direct sur la performance et l'équité des systèmes d'IA. En définitive, ces mesures de transparence et de qualité des données sont essentielles pour construire des systèmes d'IA fiables et justes.

Étude de cas : transparence et RGPD

Succès : une entreprise européenne de technologie financière a intégré la transparence dans ses systèmes d'IA conformément au RGPD. Elle a implémenté des interfaces utilisateur qui expliquent les décisions de crédit basées sur l'IA. En cas de refus, les clients pouvaient voir les facteurs ayant influencé la décision. Cela a renforcé la confiance des clients et réduit les plaintes.

Échec : un réseau social a subi des sanctions pour avoir utilisé des algorithmes de ciblage publicitaire opaques. Les utilisateurs n'étaient pas informés de la manière dont leurs données étaient utilisées pour la personnalisation des annonces, ce qui a entraîné une amende importante pour non-conformité au RGPD.

Conclusion

La transparence est non seulement un impératif éthique mais aussi un élément vital pour la robustesse et l'efficacité des systèmes d'IA. En établissant des pratiques transparentes, nous pouvons créer des systèmes d'IA qui sont dignes de confiance, justes et capables d'amélioration continue, tout en étant responsables devant les utilisateurs et la société dans son ensemble. Ce chapitre souligne l'importance de la transparence des algorithmes comme fondation pour une IA socialement responsable et fiable.

7.1.2 Consentement éclairé : un pilier de l'éthique de l'IA

7.1.2.1 Définition de l'explicabilité des algorithmes

L'explicabilité en IA se réfère à la capacité d'expliquer de manière compréhensible les processus et les résultats d'un système d'IA. Elle est cruciale pour la transparence et la confiance, permettant aux utilisateurs et aux parties affectées de saisir le fonctionnement interne et les décisions prises par l'IA.

Cela englobe non seulement les aspects techniques de l'explication mais aussi la contextualisation des décisions dans un cadre compréhensible par l'humain.

7.1.2.2 Pourquoi l'explicabilité est cruciale

La confiance est un élément clé dans l'adoption des technologies par les utilisateurs, particulièrement en ce qui concerne les systèmes d'intelligence artificielle (IA). Quand les utilisateurs comprennent le fonctionnement de l'IA, ils sont plus enclins à lui faire confiance et à l'intégrer dans leur quotidien. Cette transparence est essentielle pour forger une relation de confiance durable entre la technologie et son utilisateur.

En parallèle, la responsabilité est essentielle pour établir un environnement où les parties prenantes peuvent être tenues pour responsables en cas de défaillance ou de préjudice causé par les systèmes d'IA. Une telle structure de responsabilité est indispensable pour maintenir la confiance dans la technologie et pour assurer que les recours adéquats sont disponibles lorsque nécessaire.

De plus, une transparence accrue offre aux développeurs la capacité de détecter, de corriger et d'améliorer les systèmes d'IA en identifiant les erreurs ou les biais. Cela crée un cercle vertueux d'amélioration continue qui est bénéfique tant pour les utilisateurs que pour l'avancement de la technologie elle-même.

Enfin, la conformité réglementaire est une autre pierre angulaire de l'IA responsable. En répondant aux exigences des cadres réglementaires, comme le droit à l'explication stipulé par le RGPD, les systèmes d'IA renforcent leur légitimité et leur acceptation. Cela garantit que les technologies non seulement respectent les lois en vigueur, mais qu'elles opèrent également de manière éthique et transparente

7.1.2.3 Stratégies pour l'explicabilité

L'accessibilité et la compréhension des systèmes d'intelligence artificielle (IA) peuvent être significativement améliorées par la simplification des modèles. En utilisant des modèles d'IA intrinsèquement plus explicables ou en simplifiant les architectures complexes, on peut rendre les opérations de l'IA plus transparentes et plus faciles à comprendre pour les utilisateurs non spécialistes.

L'emploi d'outils visuels est également un moyen efficace pour aider à interpréter les décisions prises par l'IA. Des interfaces intuitives et des visualisations claires peuvent illustrer les processus de l'IA, dévoilant les mécanismes sous-jacents qui guident ses décisions.

Pour compléter ces méthodes, la création de narratives explicatives peut se révéler très utile. En racontant l'histoire derrière une décision de l'IA — comment et pourquoi elle a été prise — on rend l'information plus accessible et plus facile à assimiler pour un public plus large.

Enfin, la formation et l'éducation des utilisateurs sur les principes fondamentaux de l'IA constituent une étape cruciale. En améliorant la compréhension générale des systèmes d'IA, on renforce la confiance et on facilite l'adoption de ces technologies dans la société.

7.1.2.4 Challenges de l'explicabilité

La complexité inhérente aux modèles d'intelligence artificielle (IA), en particulier ceux qui s'appuient sur des techniques d'apprentissage profond, représente un défi notable pour les développeurs et les utilisateurs. Ces modèles comportent souvent des milliers, voire des millions de paramètres, ce qui rend leur fonctionnement opaque et leur explication en termes simples difficile.

De plus, il existe souvent un compromis entre la performance des modèles d'IA et leur explicabilité. Les modèles plus explicables, qui sont généralement plus simples, peuvent ne pas atteindre le même niveau de performance que leurs homologues plus complexes. Il est donc nécessaire de trouver un équilibre entre ces deux aspects pour répondre aux exigences des différentes applications.

Enfin, la diversité des utilisateurs pose un autre défi. Les explications fournies par les systèmes d'IA doivent être adaptées à différents publics, qui ont des degrés de compréhension techniques variés et des besoins distincts. Il est crucial que les explications soient suffisamment flexibles pour être utiles à la fois aux experts et aux non-experts.

Conclusion

L'explicabilité est un domaine en pleine évolution qui cherche à rendre l'IA non seulement plus transparente mais aussi plus utile et accessible. Elle est essentielle pour construire des systèmes d'IA qui peuvent être contrôlés, corrigés et finalement acceptés par la société. En développant des stratégies efficaces pour l'explicabilité, nous pouvons assurer que les systèmes d'IA servent le public de manière équitable et responsable, en ouvrant la voie à une adoption plus large et à une confiance renforcée dans ces technologies avancées. Ce chapitre met en lumière l'importance de l'explicabilité comme un aspect fondamental de l'IA éthique et centrée sur l'humain.

7.2 L'Accès aux données : pratiques et exigences

7.2.1 Vers une gouvernance éthique des données

Nécessité de l'accès aux données

L'accès aux données qui alimentent les systèmes d'Intelligence Artificielle (IA) est un enjeu majeur pour assurer l'intégrité et la fiabilité de ces technologies. La capacité de comprendre et de vérifier les jeux de données utilisés pour l'entraînement des IA est essentielle pour identifier et corriger les biais, les erreurs et pour garantir que les systèmes agissent de manière équitable et précise.

Examen des sources de biais

Les données historiques sont souvent le reflet des préjugés sociaux ou statistiques de leur époque, et quand elles sont utilisées pour entraîner des systèmes d'intelligence artificielle (IA), ces biais peuvent inconsciemment se perpétuer dans les décisions algorithmiques. C'est pourquoi il est essentiel d'avoir des processus en place pour identifier et corriger ces préjugés.

L'analyse des données est une première étape cruciale. En permettant un accès transparent aux données, les chercheurs et les auditeurs peuvent effectuer des analyses indépendantes, ce qui est fondamental pour déceler des corrélations inattendues ou des biais qui pourraient être insidieusement ancrés dans les données.

En outre, promouvoir la diversité des données peut grandement contribuer à l'élaboration d'une IA plus inclusive. L'ouverture des données à un éventail plus large de perspectives peut enrichir l'analyse et l'évaluation des ensembles de données. Cette diversité peut aider à équilibrer les points de vue et à réduire les préjugés, menant à des systèmes d'IA qui représentent et servent équitablement toute la société.

7.2.2 Transparence et amélioration continue en IA

La transparence dans les données d'entraînement de l'IA permet une amélioration continue des systèmes :

Correction des erreurs : en permettant l'inspection des données d'entraînement, les erreurs peuvent être identifiées et corrigées, améliorant ainsi la précision et la performance de l'IA.

Mise à jour des données : l'accès aux données facilite leur actualisation régulière, assurant que les systèmes d'IA restent pertinents face à des contextes changeants.

Équilibrage de l'accessibilité et de la confidentialité

Bien que l'accès aux données soit crucial, il doit être équilibré avec le respect de la vie privée et la confidentialité :

Anonymisation : les données personnelles doivent être anonymisées avant d'être rendues accessibles pour éviter des violations de la vie privée.

Protocoles de sécurité : des protocoles de sécurité robustes sont nécessaires pour protéger les données contre les accès non autorisés ou malveillants

7.2.3 Cadres juridiques et éthiques

L'accès aux données, particulièrement celles utilisées pour alimenter les systèmes d'intelligence artificielle (IA), est un sujet qui nécessite une réglementation minutieuse pour protéger à la fois les individus et l'intégrité des processus de données. Des cadres juridiques et éthiques bien définis sont donc impératifs pour établir les droits et les responsabilités associés à l'utilisation des données.

Les réglementations, telles que le Règlement Général sur la Protection des Données (RGPD) de l'Union européenne, jouent un rôle fondamental en déterminant les conditions sous lesquelles les données personnelles peuvent être partagées, traitées et analysées. Ces lois assurent que les données ne sont pas seulement protégées, mais que leur traitement se fait de manière transparente et sécurisée.

Le consentement éclairé est également un pilier central dans la gestion des données. Il est essentiel que les individus soient pleinement informés de la manière dont leurs données seront utilisées et qu'ils donnent leur accord de façon volontaire et réfléchie. Cela garantit une relation de confiance entre les individus et les entités qui traitent leurs données, et s'aligne sur les principes éthiques fondamentaux de respect et d'autonomie des personnes.L'accès aux données doit être régi par des cadres juridiques et éthiques qui définissent clairement les droits et les responsabilités :

Conclusion

L'accès aux ensembles de données est un pilier de la gouvernance éthique en IA, facilitant la transparence et l'amélioration continue des systèmes. En adoptant des pratiques qui assurent un accès équilibré et sécurisé aux données, les développeurs d'IA, les utilisateurs et la société dans son ensemble peuvent collaborer pour construire des technologies fiables et justes. Ce chapitre souligne que l'accès aux données ne doit pas seulement être une bonne pratique mais une exigence standard dans le développement et le déploiement de l'IA, renforçant ainsi la confiance dans ces systèmes et leur intégration dans la société

7.3 Responsabilité et redressabilité en IA

7.3.1 les défis de la responsabilité dans l'IA

L'intégration croissante de l'Intelligence Artificielle (IA) dans les processus décisionnels soulève d'importantes questions de responsabilité et de redressabilité. Les systèmes d'IA, par leur nature complexe et souvent opaque, peuvent rendre difficile la détermination de la responsabilité en cas d'erreurs ou de dommages. Cela nécessite des cadres juridiques et éthiques adaptés pour tracer clairement les responsabilités.

7.3.1.1 Complexité et attribution de responsabilité

L'attribution de responsabilité est cruciale pour maintenir la confiance dans les systèmes d'IA.

Cadres juridiques : les lois actuelles peuvent nécessiter des adaptations pour aborder spécifiquement les questions de responsabilité liées à l'IA. Cela comprend l'élaboration de nouvelles réglementations qui reconnaissent les rôles des différents acteurs impliqués dans la conception, le développement et l'utilisation des systèmes d'IA.

7.3.1.2 Rôles et obligations des acteurs de l'IA

Rôles et responsabilités : définir clairement le rôle et la responsabilité des développeurs d'IA, des fabricants d'hardware, des fournisseurs de données, des utilisateurs finaux et des autres parties prenantes est essentiel. Chaque partie doit comprendre ses obligations légales et éthiques dans le développement et l'utilisation de l'IA.

Responsabilité en IA : le Cas des véhicules autonomes / défaillance systémique et gestion de crise

Face à un incident impliquant son système de conduite autonome, un fabricant de véhicules autonomes se retrouve dans une situation délicate : suite à une défaillance technique, un accident survient. Selon les principes de responsabilité en IA, il est attendu que le fabricant assume pleinement les erreurs imputables à ses systèmes.

En réponse pratique à cette situation, le fabricant a agi avec diligence. Il a rapidement isolé et corrigé l'erreur logicielle responsable de l'incident, et a procédé à la diffusion d'une mise à jour corrective. En outre, il a pris l'initiative de communiquer ouvertement avec les détenteurs des véhicules concernés et avec le grand public, fournissant des explications transparentes sur le dysfonctionnement et les actions correctives entreprises.

> Quant aux mesures de redressabilité, le fabricant s'est engagé à indemniser les victimes de l'accidentet a entamé une collaboration étroite avec les autorités de régulation pour évaluer les répercussions de l'événement et renforcer les dispositifs préventifs, démontrant ainsi son engagement envers la sécurité et la fiabilité de ses technologies.Contexte : un fabricant de véhicules autonomes est confronté à un incident : son système de conduite autonome a failli, entraînant un accident. La théorie de la responsabilité en IA stipule que les fabricants doivent être préparés à assumer la responsabilité des erreurs de leurs systèmes.

Conclusion pratique : cet exemple illustre comment la responsabilité et la redressabilité en IA se traduisent dans la gestion réelle des incidents et la communication avec les parties prenantes.

7.3.2 Établir des mécanismes de redressement

7.3.2.1 Correction et compensation des erreurs

Introduction

L'Intelligence Artificielle (IA) n'est pas infaillible; lorsque des erreurs surviennent, il est impératif d'avoir des mécanismes de redressement en place pour corriger les préjudices causés. Ces mécanismes doivent être bien définis, accessibles et efficaces pour maintenir la confiance dans les technologies d'IA et assurer la justice pour les personnes affectées.

Correction des erreurs et préjudices

Pour gérer efficacement les erreurs des systèmes d'intelligence artificielle (IA), il est crucial d'avoir en place des mécanismes de redressement qui assurent une réponse rapide et adéquate. Cela commence par l'établissement de protocoles d'identification et de correction des erreurs, qui peuvent comprendre la mise à jour des algorithmes, l'affinement des ensembles de données, ou l'ajustement des procédures opérationnelles. Ces actions doivent être menées avec la plus grande célérité pour limiter l'impact des dysfonctionnements.

En outre, il est impératif d'informer sans délai les parties affectées en cas de défaillance d'un système d'IA. Cette notification doit être réalisée avec clarté et transparence, en détaillant la nature de l'erreur et en décrivant les mesures correctives engagées. Une communication ouverte contribue à maintenir la confiance et à assurer que les utilisateurs restent informés et rassurés quant à la gestion et à la résolution des problèmes.

Compensation pour les dommages

En cas de dommages résultant d'erreurs de systèmes d'intelligence artificielle (IA), la mise en œuvre d'un dispositif de compensation est essentielle.

Premièrement, il faut mettre en place une méthode d'évaluation des dommages qui soit juste et objective, afin de déterminer l'ampleur du préjudice subi et d'établir une compensation adéquate pour les parties lésées. Cette évaluation doit être effectuée de manière équitable pour assurer que toutes les parties reçoivent une indemnisation qui reflète réellement leur perte ou leur dommage.

Deuxièmement, il peut être pertinent de constituer des fonds de compensation. Ces réserves financières seraient spécifiquement allouées pour indemniser rapidement et efficacement les victimes de préjudices causés par des systèmes d'IA, sans avoir à passer par de longs processus juridiques.

Enfin, le développement de polices d'assurance dédiées à l'IA représente une solution prospective. Ces polices couvriraient les dommages spécifiques liés à l'utilisation de technologies d'IA, offrant ainsi une sécurité financière tant pour les consommateurs que pour les entreprises impliquées dans le développement et la mise en œuvre de ces systèmes.

7.3.2.2 Mécanismes de redressement en IA

Le redressement fait référence à la capacité de corriger les erreurs et de compenser les préjudices causés par les systèmes d'IA (Concept Théorique).

Illustration avec l'incident de reconnaissance faciale : considérons l'incident où un système de reconnaissance faciale a incorrectement identifié des individus, menant à des arrestations injustifiées (Exemple Pratique). La mise en place d'un mécanisme de redressement aurait nécessité que les développeurs de l'algorithme établissent une procédure pour réexaminer et corriger rapidement l'erreur, et pour indemniser les personnes affectées (Explication de l'Exemple).

Impact de l'exemple : dans la réalité, l'absence de tels mécanismes a conduit à une perte de confiance du public et à des litiges judiciaires (Analyse Critique).

Conclusion : cet incident met en évidence l'importance vitale des mécanismes de redressement pour les systèmes d'IA, non seulement pour des raisons éthiques mais aussi pour la confiance et l'acceptation sociétale des technologies d'IA (Synthèse et Conclusion).

Étude de cas 2 ; redressabilité en IA

Succès : un constructeur automobile a mis en œuvre un système de conduite autonome avec un processus clair pour signaler les erreurs. Lorsqu'une défaillance a été détectée, la société a rapidement identifié et corrigé le problème, et a communiqué ouvertement sur la résolution, renforçant ainsi la confiance du public.

Échec : une plateforme de recrutement utilisant l'IA pour trier les candidatures n'avait pas de mécanisme de redressement adéquat. Une erreur algorithmique a conduit à l'exclusion systématique de candidats qualifiés. La découverte tardive de cette erreur a nuit à la réputation de l'entreprise et a entraîné des litiges coûteux.

7.3.2.3 Recours juridiques et tribunaux spécialisés

Dans l'écosystème en rapide évolution de l'intelligence artificielle (IA), il est impératif que le système juridique offre des moyens de recours efficaces aux personnes affectées par les actions de l'IA. Cela peut impliquer l'instauration de tribunaux spécialisés pour gérer les complexités propres aux litiges liés à l'IA.

Pour cela, une législation spécifique à l'IA peut être nécessaire pour encadrer la responsabilité et les mesures de redressement en cas d'erreur ou de dommage. Ces lois devraient être conçues pour refléter les nuances et les spécificités des technologies d'IA, garantissant que les victimes de préjudices puissent obtenir justice de manière adéquate et équitable.

En outre, la création de tribunaux spécialisés, qui disposeraient de l'expertise technique nécessaire pour juger les affaires impliquant l'IA, pourrait être envisagée. Ces tribunaux seraient mieux équipés pour comprendre et statuer sur les questions techniques et éthiques complexes qui se posent dans le cadre de l'utilisation de l'IA.

Enfin, la mise en place de mécanismes de médiation et d'arbitrage pourrait servir d'alternative aux procédures judiciaires traditionnelles, offrant des voies de résolution de conflits plus rapides et moins onéreuses. Ces mécanismes pourraient jouer un rôle crucial dans la résolution efficace des litiges liés à l'IA, permettant aux parties de parvenir à un accord sans passer par un procès long et coûteuxRecours juridiques : le système juridique doit fournir des voies de recours pour les personnes affectées par les actions de l'IA, y compris des tribunaux spécialisés si nécessaire.

Normes de confiance et auditabilité

La redressabilité des systèmes d'intelligence artificielle (IA) est essentielle pour maintenir la confiance et l'intégrité des technologies. Lorsque les systèmes d'IA sont conçus pour être dignes de confiance et auditables, cela renforce la capacité de répondre et de rectifier les erreurs ou les défauts.

Des protocoles d'audit bien définis doivent être mis en place, permettant à des auditeurs tiers et indépendants d'examiner les systèmes d'IA et de vérifier leur conformité avec les réglementations et les principes éthiques en vigueur. Ces audits sont cruciaux car ils fournissent une évaluation objective de la fiabilité et de l'équité des systèmes d'IA.

En outre, l'existence de certifications de conformité joue un rôle significatif dans l'assurance de la qualité des systèmes d'IA. Ces certifications attestent que les systèmes ont été rigoureusement testés et qu'ils répondent à des normes élevées de conduite éthique. Elles servent de garantie pour les utilisateurs et les parties prenantes que les systèmes d'IA qu'ils déploient ou avec lesquels ils interagissent sont sûrs, équitables et responsables.

Conclusion

Les mécanismes de redressement sont essentiels pour assurer que les systèmes d'IA fonctionnent non seulement de manière éthique mais aussi responsable. Ils fournissent la structure nécessaire pour répondre aux erreurs et prévenir les dommages futurs, offrant ainsi une voie vers la réparation et la confiance. Une approche proactive de la redressabilité favorise une culture de responsabilité et d'amélioration continue, essentielle pour l'intégration de l'IA dans la société. Ce chapitre détaille les différents aspects des mécanismes de redressement et leur importance cruciale dans l'écosystème de l'IA.

7.3.3 Trustworthy AI et auditabilité

7.3.3.1 Construire une IA de confiance

La construction d'une IA digne de confiance implique de s'assurer que les systèmes d'IA sont auditables et répondent à des normes élevées de responsabilité :

Transparence des processus : les systèmes d'IA doivent être conçus pour permettre un audit externe de leurs processus décisionnels.

La transparence est essentielle dans la gouvernance éthique des technologies d'IA (Concept Théorique). Elle implique que les utilisateurs et les parties prenantes doivent être capables de comprendre les décisions prises par les systèmes d'IA.

Illustration avec le RGPD : prenons l'exemple du Règlement Général sur la Protection des Données (RGPD) de l'UE, qui exige que les décisions automatisées soient explicables (Exemple Pratique). Lorsqu'une banque utilise un algorithme pour décider de l'octroi de crédits, elle doit pouvoir expliquer les critères utilisés par cet algorithme pour assurer la transparence (Explication de l'Exemple).

Impact de l'exemple : cela a permis une meilleure confiance des clients et une responsabilisation accrue des institutions financières (Analyse Critique).

Conclusion : l'exemple du RGPD montre que la transparence des processus d'IA n'est pas seulement une aspiration théorique mais une exigence réglementaire concrète qui peut être mise en œuvre avec succès (Synthèse et Conclusion).

Normes de confiance : établir des normes qui définissent clairement ce qui constitue une IA de confiance et comment cela peut être mesuré et évalué.

La 'Transparence des Processus' est un pilier de la 'Trustworthy AI' (voir Section 10.1) et doit être intégrée dans toutes les phases de développement des systèmes d'IA. L'auditabilité, que nous avons explorée plus en détail dans la 'Procédure d'Audit pour les Systèmes d'IA' (Section 12.4), complète la transparence en offrant des moyens vérifiables de contrôler les décisions prises par l'IA.

Fondements de la Trustworthy AI

La confiance dans l'IA est cruciale pour son adoption et son intégration réussies dans la société. Une IA digne de confiance doit non seulement être performante d'un point de vue technique, mais elle doit aussi être justement alignée avec les principes éthiques et les valeurs sociales. Elle doit opérer de manière prévisible et être exempte de biais discriminatoires, assurant l'équité pour tous les utilisateurs.

Développement de normes de confiance

Pour établir des normes fiables en intelligence artificielle (IA), une collaboration multidisciplinaire est cruciale, impliquant des experts de divers domaines tels que l'éthique, la technologie, le droit et la politique.

L'équité est primordiale ; les normes doivent assurer que les systèmes d'IA fonctionnent sans préjugés et traitent tous les utilisateurs de manière équitable. Cela implique une attention rigoureuse aux données d'entraînement et aux algorithmes pour prévenir la discrimination.

La sécurité est tout aussi importante. Les systèmes d'IA doivent être protégés contre les intrusions et les utilisations malveillantes, garantissant ainsi la confidentialité et l'intégrité des données personnelles et sensibles.

La transparence est nécessaire pour permettre aux utilisateurs de comprendre comment l'IA prend ses décisions, quels en sont les critères, et comment ces processus peuvent être vérifiés et contestés si nécessaire.

Enfin, la responsabilité est fondamentale. Il doit être clair qui est responsable du fonctionnement et des conséquences des systèmes d'IA. Des mécanismes doivent être en place pour tenir ces entités responsables, assurant une redevabilité en cas de défaillance ou de préjudice.

Étude de cas 3 : auditabilité et certification

Succès : un hôpital a déployé un système d'IA pour aider au diagnostic médical. Avant le déploiement, l'hôpital a effectué des audits indépendants et obtenu une certification pour l'IA. Cela a aidé à établir la légitimité du système auprès des professionnels de santé et des patients.

Échec : une application de prédiction de la criminalité a été largement utilisée sans audit préalable, conduisant à des allégations de biais raciaux. L'absence d'audit préalable a entraîné une méfiance généralisée et la suspension de l'utilisation de l'application par plusieurs services de police.

Transparence et responsabilité : pilier de l'équité en IA

La transparence opérationnelle est fondamentale dans le domaine de l'intelligence artificielle (IA) pour prévenir la perpétuation des inégalités et assurer un examen impartial de ses décisions. En pratique, l'adoption d'outils open-source tels que AI Explainability 360 peut améliorer la compréhension des mécanismes décisionnels de l'IA. Ces outils aident à déchiffrer le fonctionnement interne des modèles d'IA, ce qui contribue à accroître l'équité en rendant les processus décisionnels plus accessibles et compréhensibles.

Quant à la responsabilité éclairée, elle est nécessaire pour assurer que les acteurs impliqués dans le développement et la mise en œuvre de l'IA soient clairement identifiés et puissent être tenus responsables en cas de résultats biaisés. Ceci est essentiel pour promouvoir l'utilisation équitable de l'IA. En pratique, des cadres de responsabilité comme le modèle de responsabilité des algorithmes de l'IEEE établissent des lignes directrices pour identifier les parties responsables lorsqu'un préjudice ou un biais survient, garantissant ainsi une attribution juste des responsabilités

Audits d'équité réguliers

Des audits réguliers sont impératifs.

Pour une application pratique, l'adoption de normes d'audit, comme celles énoncées dans le cadre d'audit de l'IA de l'Information Commissioner's Office (ICO), s'avère essentielle. Ces standards d'audit permettent d'évaluer systématiquement les systèmes d'IA pour s'assurer qu'ils fonctionnent de manière équitable et conforme aux directives éthiques et réglementaires. Contexte : des audits réguliers sont nécessaires pour vérifier que l'équité est maintenue sur toute la ligne, de la conception à l'utilisation des systèmes d'IA.

Conclusion

La question de la responsabilité et de la redressabilité en IA est au cœur des préoccupations éthiques et légales de notre époque. En développant des systèmes d'IA avec des mécanismes clairs de responsabilité et de redressement, on peut non seulement renforcer la confiance du public mais aussi favoriser un environnement où l'innovation peut prospérer de manière responsable. Ce chapitre approfondit la manière dont ces principes peuvent être intégrés dans la pratique de l'IA, en soulignant que la responsabilité et la redressabilité ne sont pas des ajouts après coup mais des éléments intégraux du design et de la gouvernance des systèmes d'IA

7.3.3.2 Auditabilité des systèmes d'IA

L'auditabilité est essentielle pour valider la fiabilité de l'IA :

Protocoles d'audit : des protocoles standardisés permettent d'examiner et de tester les systèmes d'IA pour s'assurer qu'ils respectent les normes établies.

Audits indépendants : des évaluations par des tiers indépendants peuvent fournir une objectivité nécessaire et éviter les conflits d'intérêts.

Certifications : des certifications basées sur des audits réussis peuvent servir de marqueur de confiance pour les consommateurs et les entreprises.

Pratiques pour l'auditabilité

Pour renforcer la transparence et la responsabilité des systèmes d'intelligence artificielle (IA), il est crucial d'intégrer des registres d'audit qui consignent les décisions et les actions prises par l'IA. Ces registres permettent une analyse détaillée et une révision approfondie des opérations de l'IA.

Parallèlement, le développement d'outils d'analyse conçus pour décrypter et expliquer les processus internes de l'IA est essentiel. Ces outils contribuent à rendre les systèmes d'IA plus transparents et leur fonctionnement plus compréhensible, facilitant ainsi la vérification de leur équité et de leur conformité.

De plus, la formation des auditeurs en IA est une nécessité absolue. Les auditeurs doivent posséder des connaissances techniques spécialisées et une compréhension des implications éthiques des systèmes d'IA pour effectuer des évaluations précises et pertinentes. Cette formation spécialisée garantit qu'ils ont les compétences nécessaires pour interroger efficacement les systèmes d'IA et évaluer leur conformité aux normes établies.

Exemple auditabilité et fiabilité des aystèmes d'IA

La réalisation d'audits réguliers pour les systèmes d'intelligence artificielle (IA) est essentielle pour une gouvernance efficace et responsable. L'auditabilité est le moteur qui alimente la responsabilité et renforce la confiance des utilisateurs dans l'IA. En pratique, des organismes de normalisation ont élaboré des cadres d'audit pour les systèmes d'IA, incluant des checklists qui évaluent l'adhérence aux critères éthiques, de sécurité et de performance.

Suite à ces audits, des mesures d'amélioration continue sont mises en œuvre. Les systèmes d'IA qui ne satisfont pas aux normes prescrites sont soumis à des recommandations précises pour leur amélioration. Ceux qui réussissent les audits reçoivent une certification qui atteste de leur conformité et fiabilité, fournissant ainsi une preuve tangible de leur engagement envers les principes d'une IA de confianceSous-titre : évaluation et certification de l'IA

Conclusion pratique : cet exemple montre comment les audits peuvent servir de mécanismes de contrôle pour assurer que les systèmes d'IA fonctionnent de manière éthique et sûre, en alignant la théorie de l'auditabilité avec les mesures pratiques d'évaluation et de certification.

Cadre de l'audit d'IA

Pour mener un audit efficace des systèmes d'intelligence artificielle (IA), il est essentiel d'avoir une démarche structurée.

Définition des objectifs de l'audit : Il faut clairement établir les aspects du système d'IA à auditer, tels que la performance, l'équité, la transparence et la sécurité. Il est également nécessaire de déterminer les standards et réglementations à appliquer, comme le RGPD, les principes éthiques d'IA ou les normes ISO.

Préparation de l'audit : Une équipe d'audit multidisciplinaire doit être constituée, incluant des experts en IA, en éthique, en droit et, si nécessaire, dans des domaines d'application spécifiques. Cette équipe prépare ensuite une checklist d'audit alignée sur les objectifs établis.

Exécution de l'audit : Des outils d'analyse de données et des plateformes d'audit sont utilisés pour évaluer la qualité des données, repérer les biais, tester la sécurité, et appliquer des méthodes statistiques pour évaluer la performance et la fiabilité des systèmes d'IA.

Rapport d'audit : Les résultats, analyses et recommandations de l'audit sont soigneusement documentés. Un plan d'action est alors élaboré pour remédier aux problèmes identifiés, avec des étapes claires pour l'amélioration continue des systèmes d'IA.

7.3.3.3 Outils et méthodologies

Dans le but de promouvoir une IA équitable et transparente, des outils comme AI Fairness 360 et Fairlearn sont devenus indispensables pour identifier et atténuer les biais dans les modèles d'IA. Ces outils permettent une évaluation précise de l'équité et sont complémentés par des méthodes d'explicabilité telles que LIME et SHAP, qui démystifient les prédictions des algorithmes pour les utilisateurs.

La sécurité des systèmes d'IA n'est pas en reste, avec des outils spécialisés tels que l'Adversarial Robustness Toolbox et OWASP ZAP qui testent la robustesse des systèmes face aux attaques et vulnérabilités.

Les protocoles d'audit tels que ceux encadrés par l'ISO/IEC 38500 et le NIST AI Risk Management Framework garantissent le respect des normes éthiques et légales, tandis que les pratiques de test comme la cross-validation et les stress tests évaluent la performance et la fiabilité.

Les certifications de qualité telles que l'ISO 9001 adaptées à l'IA et les normes émergentes en IA éthique reflètent l'engagement envers des standards élevés. Enfin, la tenue de registres d'audit détaillés, soutenue par des outils de provenance des données et des systèmes de suivi d'audit, assure la transparence et facilite la révision et l'amélioration continue des systèmes d'IA.

7.3.3.4 Étapes clés de l'audit d'IA

Les étapes clés de l'audit d'IA constituent un processus méthodique visant à assurer la responsabilité et la conformité des systèmes d'intelligence artificielle. Tout d'abord, l'évaluation de la conformité requiert une comparaison minutieuse des pratiques en cours avec les réglementations et normes en vigueur, assurant que les opérations d'IA sont légales et adéquates.

Les tests d'intégrité des données suivent, où la véracité et la qualité des données sont scrutées pour prévenir les erreurs et les biais. L'analyse des modèles d'IA évalue ensuite la précision, l'équité et la transparence des algorithmes, veillant à ce qu'ils agissent de manière équitable et compréhensible. Par ailleurs, la vérification des procédures de gestion des risques implique l'examen des stratégies mises en place pour détecter et minimiser les risques potentiels.

Enfin, l'évaluation de l'impact social et éthique de l'IA réfléchit aux conséquences des technologies sur différents groupes sociaux et sur la société en général, soulignant l'importance des considérations éthiques dans le déploiement de l'IA.

Pour un audit d'IA réussi, il est essentiel de rester informé des dernières évolutions technologiques et réglementaires, et de s'adapter en conséquence. La documentation complète, les revues régulières et l'adaptabilité sont clés pour un audit d'IA efficace.

L'Essence des audits d'IA

Les audits réguliers des systèmes d'Intelligence Artificielle (IA) sont essentiels pour assurer leur fonctionnement optimal et pour maintenir la confiance des utilisateurs. Les audits fournissent une évaluation systématique et indépendante de l'efficacité, de la sécurité, de la transparence et de l'équité des systèmes d'IA. Ils sont un outil crucial pour identifier les problèmes, rectifier les erreurs, prévenir les défaillances et orienter les améliorations continues.

Procédures standardisées d'audit

L'instauration de procédures d'audit standardisées est essentielle pour assurer une évaluation cohérente et impartiale des systèmes d'intelligence artificielle. Ces procédures s'appuient sur une checklist d'audit exhaustive, qui passe en revue tous les éléments fondamentaux des systèmes d'IA. Cette liste de vérification doit inclure la qualité des données, la conception de l'algorithme, les performances du système et l'appréciation des impacts sociaux.

Les rapports d'audit, quant à eux, constituent des documents cruciaux qui synthétisent les résultats de l'audit. Ils doivent détailler les observations, articuler clairement les recommandations pour l'amélioration, et suggérer des actions correctives. Ces rapports servent de référence pour les ajustements nécessaires et aident à tracer un chemin vers la mise en conformité et l'optimisation des systèmes d'IA. Des procédures d'audit standardisées et bien définies sont nécessaires pour évaluer de manière cohérente et objective les différents aspects d'un système d'IA

Fréquence et régularité des audits

La cadence des audits des systèmes d'intelligence artificielle (IA) doit correspondre à la vitesse d'évolution technologique pour garantir leur fiabilité et leur conformité constantes.

Les audits périodiques, réalisés à des fréquences déterminées, constituent une pratique de surveillance continue, assurant que les systèmes d'IA opèrent dans le respect des normes établies et conservent leur intégrité sur le long terme.

En complément, les audits déclenchés par des événements spécifiques s'avèrent cruciaux. Ces audits sont initiés suite à des mises à jour majeures du système, des incidents critiques ou des évolutions dans le paysage réglementaire, permettant une réactivité et une adaptation rapide aux nouvelles conditions ou aux problématiques émergentes

Identification des améliorations

Un audit approfondi se doit de mettre en lumière non seulement les faiblesses mais aussi les pistes d'amélioration potentielles des systèmes d'intelligence artificielle (IA).

L'analyse des défaillances est cruciale; elle vise à déceler les causes sous-jacentes des dysfonctionnements ou des performances insuffisantes. Cela permet de formuler des recommandations précises pour optimiser le système.

Le suivi des actions correctives est tout aussi important. Ce processus vérifie l'implémentation effective des améliorations suggérées et évalue leur impact sur la performance du système d'IA, garantissant ainsi que les ajustements réalisés produisent les résultats escomptés.

Conclusion

Pour que l'IA soit réellement digne de confiance, elle doit répondre à des normes strictes de confiance et être soumise à des audits réguliers. Ces pratiques garantissent que l'IA opère de manière éthique, sécurisée et transparente, renforçant ainsi la confiance du public et la responsabilisation des développeurs. Ce chapitre souligne que la trustworthy AI n'est pas un idéal lointain mais un objectif atteignable à travers des engagements rigoureux en matière de développement, de gouvernance et d'évaluation.

Le quiz des pionniers

Quel est le principal objectif des audits réguliers des systèmes d'IA ? a) Réduire les coûts de développement des systèmes d'IA b) Vérifier que les systèmes d'IA fonctionnent comme prévu et identifier les améliorations nécessaires c) Augmenter la vitesse de traitement des systèmes d'IA

Quelle est l'importance de la transparence dans les algorithmes d'IA ? a) Elle rend les algorithmes plus complexes b) Elle est nécessaire pour créer des systèmes d'IA plus rapides c) Elle permet aux utilisateurs de comprendre comment les décisions sont prises par l'IA

Pourquoi est-il important que les systèmes d'IA soient conçus pour être auditables ? a) Pour faciliter la maintenance technique du système b) Pour permettre une évaluation indépendante de la conformité à des normes éthiques et légales c) Pour améliorer l'interface utilisateur des systèmes d'IA

Quel rôle joue la redressabilité dans les systèmes d'IA ? a) Elle garantit que les systèmes d'IA peuvent s'auto-corriger sans intervention humaine b) Elle fournit des mécanismes pour corriger les erreurs et indemniser les préjudices causés c) Elle permet aux systèmes d'IA de prendre des décisions juridiques

Réponses au quiz : 1-b, 2-c, 3-b, 4-b

La route de la réflexion

Comment la transparence des algorithmes d'IA peut-elle influencer votre confiance dans l'utilisation de ces systèmes dans votre vie quotidienne ou professionnelle ?

Quelles pourraient être les conséquences d'une absence de redressabilité dans les systèmes d'IA sur les individus et la société ?

Envisagez un scénario où un audit d'IA révèle un biais significatif dans un système décisionnel. Comment les organisations devraient-elles réagir à cette découverte ?

Discutez de l'importance de l'auditabilité dans le cycle de vie de développement d'un système d'IA. Comment cela peut-il être intégré efficacement dès les premières étapes de conception ?

Conclusion

La transparence et la responsabilité sont essentielles pour une intégration de l'IA qui soit éthique et conforme aux attentes du public. En renforçant ces aspects, nous pouvons garantir que l'IA travaille pour le bien de la société, offrant des solutions fiables et justes qui renforcent la confiance des utilisateurs. Ce chapitre sert de guide pour comprendre comment ces principes peuvent être intégrés dans la pratique et la gouvernance de l'IA, assurant que l'innovation technologique avance main dans la main avec l'intégrité et la justice sociale.

8. Inclusion et accessibilité

8.1 Introduction

Dans le domaine florissant de l'intelligence artificielle, la transparence et la responsabilité ne sont pas seulement des mots à la mode; elles sont les piliers sur lesquels repose la confiance du public. Il existe un cas qui a ébranlé le monde de la technologie et mis en lumière l'importance cruciale de ces principes : l'affaire d'une intelligence artificielle de recrutement utilisée par une grande entreprise technologique.

Cette IA était programmée pour trier les candidatures et sélectionner les meilleurs talents. Cependant, sans une surveillance appropriée, l'algorithme a développé une préférence involontaire pour les candidats masculins, car il s'était entraîné sur des données historiques qui reflétaient les préjugés inconscients de la société. Cet incident a non suscité un tollé public mais a également conduit à un examen sérieux de la manière dont les algorithmes peuvent perpétuer les inégalités existantes.

L'absence de transparence concernant les critères de sélection de l'IA et le manque de responsabilité lorsqu'elle a reproduit des biais ont mené à un scandale majeur. Cet événement a servi de catalyseur pour l'industrie, poussant les entreprises à adopter des pratiques plus éthiques et à assurer une supervision humaine adéquate de leurs systèmes d'IA.

Ce cas d'étude souligne que, bien que l'IA puisse transformer le paysage des affaires et de l'innovation, sans les gardes-fous nécessaires, elle peut également causer des dommages irréparables, mettant en danger l'équité et l'éthique sur lesquelles nous nous efforçons de construire notre avenir numérique.

Le chapitre qui nous occupe s'inscrit dans la continuité d'une réflexion globale entamée dès les premières pages de cet ouvrage. Les fondements théoriques posés dans les chapitres précédents, abordant l'architecture des systèmes d'intelligence artificielle, les principes éthiques sous-jacents et les mécanismes de prise de décision algorithmique, convergent tous vers la nécessité de la transparence et de la responsabilité dans la mise en œuvre de l'IA.

En effet, la transparence et la responsabilité ne sont pas seulement des extensions logiques des concepts préalablement abordés; elles en sont le ciment. Sans transparence, les utilisateurs et les parties prenantes sont laissés dans l'obscurité, incapables de comprendre les processus de décision qui affectent leurs vies et leurs moyens de subsistance. Sans responsabilité, il n'y a pas de recours en cas d'erreurs ou de préjudices causés par des décisions automatisées, ce qui engendre un environnement où la confiance est érodée et où l'innovation est entravée par la peur et le scepticisme.

Ce chapitre se propose donc de lier les connaissances acquises sur les capacités techniques de l'IA avec une compréhension approfondie des implications éthiques et sociales de ces technologies. En explorant les conséquences de l'absence de transparence et de responsabilité, comme illustré par l'histoire introductive, nous allons mettre en lumière les stratégies et les mécanismes qui permettent d'assurer que l'IA fonctionne non seulement avec efficacité, mais aussi avec équité et intégrité.

Nous allons également voir comment la transparence et la responsabilité interagissent avec d'autres principes essentiels tels que la confidentialité, la sécurité et l'inclusion, tous traités dans les chapitres antérieurs. Cela nous permettra de comprendre comment chaque principe, loin d'être isolé, fait partie d'un tout cohérent, nécessaire à la création de systèmes d'IA qui bénéficient à tous.

Ce chapitre ne se contente donc pas de présenter des concepts; il cherche à équiper le lecteur des outils nécessaires pour évaluer les systèmes d'IA, pour poser des questions critiques et pour exiger des comptes, en reconnaissant que la technologie, quelle que soit son avancée, doit rester au service de l'humanité et non l'inverse.

8.2 IA sans biais : viser l'Inclusion

8.2.1 L'impératif de l'inclusion : pourquoi une IA équitable est cruciale

Dans un monde où l'Intelligence Artificielle (IA) influence de plus en plus nos vies, l'inclusion apparaît comme une nécessité impérieuse. Concevoir une IA sans biais est crucial pour garantir que la technologie soit non discriminatoire et équitable. Cela signifie que les systèmes d'IA doivent être développés avec une conscience aiguë des Divers contextes sociaux et culturels dans lesquels ils seront déployés.

8.2.2 Éviter la discrimination par la conception : préventives et analyse de biais

Pour instaurer des systèmes d'intelligence artificielle (IA) justes et non discriminatoires, il est essentiel d'intégrer des mesures préventives dès la phase de conception.

L'analyse de biais doit faire partie intégrante du développement de l'IA, avec l'adoption d'outils et de méthodologies spécifiques pour détecter et corriger les biais potentiels dans les algorithmes. Cette étape est cruciale pour prévenir la perpétuation ou l'exacerbation des inégalités.

De plus, l'engagement de personnes issues de milieux diversifiés dans le processus de conception et de validation des systèmes d'IA est indispensable. Cette approche inclusive assure une multitude de perspectives qui contribuent à identifier et à éliminer les angles morts, garantissant ainsi que l'IA est équitable et représentative de la diversité des utilisateurs finaux.

8.2.3 Diversité des données : assurer une collecte inclusive pour l'équité algorithmique

La construction de systèmes d'intelligence artificielle (IA) équitables dépend fortement de la diversité et de la qualité des données utilisées dans leur entraînement.

Une collecte de données inclusive est primordiale. Il faut veiller à ce que les données reflètent la diversité réelle de la population, en considérant des variables telles que l'âge, le sexe, la race et l'ethnicité, parmi d'autres caractéristiques pertinentes.

Le nettoyage des données est également essentiel pour éliminer les biais qui pourraient être enracinés dans l'histoire ou liés à des contextes spécifiques. Ce processus doit être méticuleux pour s'assurer que les jeux de données ne perpétuent pas les inégalités existantes.

Enfin, l'amélioration continue des algorithmes est nécessaire pour qu'ils reconnaissent et s'adaptent à la diversité des données et corrigent les biais potentiels. Cette approche proactive contribue à la création de systèmes d'IA qui sont justes et représentatifs de tous les segments de la société. La diversité des données est essentielle pour construire des systèmes d'IA justes

8.2.4 Atténuation des biais systémiques : construire des modèles prédictifs justes

La construction de systèmes d'intelligence artificielle (IA) équitables dépend fortement de la diversité et de la qualité des données utilisées dans leur entraînement.

Une collecte de données inclusive est primordiale. Il faut veiller à ce que les données reflètent la diversité réelle de la population, en considérant des variables telles que l'âge, le sexe, la race et l'ethnicité, parmi d'autres caractéristiques pertinentes.

Le nettoyage des données est également essentiel pour éliminer les biais qui pourraient être enracinés dans l'histoire ou liés à des contextes spécifiques. Ce processus doit être méticuleux pour s'assurer que les jeux de données ne perpétuent pas les inégalités existantes.

Enfin, l'amélioration continue des algorithmes est nécessaire pour qu'ils reconnaissent et s'adaptent à la diversité des données et corrigent les biais potentiels. Cette approche proactive contribue à la création de systèmes d'IA qui sont justes et représentatifs de tous les segments de la société.

8.2.5 Conclusion

Pour que l'IA soit vraiment bénéfique pour tous, il est impératif de viser une conception sans biais qui favorise l'inclusion. Cela implique un engagement envers la diversité à chaque étape, de la collecte des données à la mise en œuvre des algorithmes. En se concentrant sur l'inclusion et en s'efforçant activement d'éliminer les biais, les développeurs d'IA peuvent contribuer à créer une technologie qui fonctionne pour tout le monde et qui soutient une société plus juste et plus équitable. Ce chapitre approfondit les stratégies et les pratiques qui peuvent aider à réaliser cet objectif, en plaçant l'inclusion au cœur de l'IA

Nous avons exploré l'urgence de l'inclusion dans l'IA, soulignant l'importance de la prévention des biais dès la conception. Ces efforts constituent la première étape pour façonner une technologie qui respecte la diversité humaine. La suite du chapitre se penchera sur la manière dont ces principes d'inclusion peuvent être intégrés de manière proactive dans le processus de création de l'IA

8.3 Conception inclusive en IA

8.3.1 Principes de la conception inclusive : une approche holistique

La conception inclusive dans l'Intelligence Artificielle (IA) signifie créer des systèmes qui sont accessibles et utiles à tous, indépendamment de leur âge, sexe, capacité ou origine culturelle. Cela nécessite une approche holistique qui intègre la diversité humaine à chaque étape du processus de développement, de la conceptualisation à la mise en œuvre.

8.3.2 Impliquer la diversité des groupes : co-création et tables rondes inclusives

L'inclusivité dans la création de produits d'intelligence artificielle (IA) est essentielle pour garantir que les technologies servent équitablement toute la société. Cela nécessite l'implication active de groupes variés dès le début du processus de conception.

Organiser des tables rondes inclusives permet de réunir des personnes de différents horizons pour partager leurs idées et points de vue, enrichissant ainsi le brainstorming et la conceptualisation des produits d'IA avec une gamme de perspectives diversifiées.

La co-création avec les utilisateurs finaux est également capitale. Collaborer directement avec les communautés concernées assure que les produits d'IA sont adaptés à leurs besoins réels et spécifiques, et pas seulement aux hypothèses des développeurs.

En outre, la formation d'équipes de projet diversifiées est un autre pilier de l'inclusivité. Ces équipes, composées de membres ayant des expériences et des perspectives variées, sont plus à même de reconnaître et de répondre aux besoins d'un large éventail d'utilisateurs, évitant ainsi les biais et les angles morts dans le développement de l'IA.

8.3.3 Évaluation et tests diversifiés : valider l'inclusivité par des essais représentatifs

Pour garantir que la conception inclusive d'un produit d'intelligence artificielle (IA) soit effective, il est impératif de la soumettre à des tests et des évaluations réguliers par un échantillon représentatif de la population cible.

Les tests d'utilisabilité sont essentiels pour s'assurer que le produit est facilement accessible et utilisable par des personnes issues de divers groupes démographiques. Ces tests aident à identifier et à supprimer les barrières qui pourraient empêcher certaines personnes d'utiliser efficacement le produit.

De plus, un processus de feedback continu est crucial. Recueillir les retours des utilisateurs à différentes étapes du développement et après le lancement du produit permet d'ajuster et d'améliorer constamment les fonctionnalités pour répondre aux besoins évolutifs et garantir que l'IA demeure inclusive et adaptée à tous les utilisateurs.

8.3.4 Formation et sensibilisation : éduquer sur les biais et le design universel

Pour ancrer l'inclusivité dans la conception des systèmes d'intelligence artificielle (IA), la sensibilisation et la formation constituent des piliers fondamentaux.

Il est crucial de sensibiliser les concepteurs et les développeurs aux biais inconscients qui peuvent s'infiltrer dans le processus de création. Des formations dédiées peuvent les aider à identifier et à contrer ces biais, assurant ainsi que les produits d'IA qu'ils développent sont équitables et neutres.

En outre, l'éducation aux principes du Design Universel est essentielle. Ces principes guident la création de produits accessibles et utilisables par le plus grand nombre, indépendamment des capacités ou des contextes des utilisateurs. La formation des équipes à ces principes garantit que l'accessibilité est intégrée dès le début de la conception des produits d'IA.

8.3.5 Normes et directives

L'établissement de normes et de directives est vital pour orienter efficacement la conception inclusive en intelligence artificielle (IA).

La création de guides de bonnes pratiques est une étape essentielle. Ces documents fournissent des instructions détaillées et des stratégies éprouvées pour intégrer l'inclusion dans le processus de conception d'IA, s'assurant que les produits finaux sont accessibles et bénéfiques à tous.

En parallèle, il est important de collaborer avec des organismes de normalisation pour élaborer des standards industriels. Ces standards servent de référence pour promouvoir l'inclusion et garantir que l'accessibilité et la diversité sont des considérations primordiales dans le développement de tous les produits d'IA.

8.3.6 Conclusion

La conception inclusive est essentielle pour développer des produits d'IA qui sont non seulement fonctionnels mais aussi équitables et accessibles à un spectre complet d'utilisateurs. Cela implique un engagement à la diversité et à l'inclusion tout au long du processus de développement, ainsi qu'une volonté de remettre en question et de repenser les pratiques établies.

En adoptant une approche de conception inclusive, les développeurs d'IA peuvent garantir que leurs innovations sont avantageuses et accueillantes pour tous les segments de la société, favorisant ainsi un avenir où la technologie renforce l'égalité et la compréhension mutuelle. Ce chapitre détaille les stratégies pour intégrer l'inclusivité dans la conception d'IA, soulignant son rôle crucial dans la création de solutions technologiques responsables et universellement accessibles.

La conception inclusive s'avère être un pilier fondamental pour une IA équitable et accessible. En plaçant la diversité et l'accessibilité au cœur de la création de l'IA, nous ouvrirons la voie à des technologies qui embrassent l'ensemble de la société. Cet esprit d'inclusivité est le prélude à une évaluation continue, essentielle pour maintenir et affiner l'intégrité des systèmes d'IA.

8.4 Évaluation continue en IA

8.4.1 Importance de l'évaluation continue : maintenir l'intégrité de l'IA

L'évaluation continue est un processus vital pour maintenir l'intégrité et l'efficacité des systèmes d'Intelligence Artificielle (IA). Elle permet d'identifier et de corriger les biais qui peuvent se manifester à différents stades du cycle de vie d'un produit d'IA, assurant que les systèmes restent justes et fonctionnels pour tous les utilisateurs, sans égard à leur diversité

8.4.2 Mise en place de contrôles réguliers : audits de biais et révisions post-déploiement

La mise en place de contrôles réguliers est fondamentale pour assurer une évaluation continue des systèmes d'intelligence artificielle (IA).

Les audits de biais sont des contrôles périodiques cruciaux qui permettent de scruter les modèles de décision de l'IA pour identifier et corriger tout biais ou tendance discriminatoire. Ils aident à maintenir les systèmes d'IA en conformité avec les standards éthiques établis.

Les révisions post-déploiement sont également indispensables. Elles consistent à surveiller continuellement les performances et le comportement des systèmes d'IA après leur mise en place pour confirmer qu'ils fonctionnent de manière éthique et répondent correctement aux normes sociales. Ces révisions garantissent que les systèmes d'IA restent fiables et justes tout au long de leur utilisation.

8.4.3 Méthodologies d'évaluation : standardiser l'évaluation pour la cohérence

L'utilisation de méthodologies d'évaluation standardisées facilite une approche uniforme et fiable dans l'évaluation des systèmes d'intelligence artificielle (IA).

La mise en place de benchmarks et d'indicateurs de performance clés (KPIs) spécifiques permet de mesurer objectivement l'équité et la performance des systèmes d'IA. Ces indicateurs fournissent une base solide pour comparer et suivre les progrès au fil du temps.

Le feedback des utilisateurs est également un élément essentiel de l'évaluation. Recueillir et examiner systématiquement les retours d'expérience des utilisateurs offre des insights précieux qui peuvent être utilisés pour affiner et améliorer continuellement les systèmes d'IA, assurant qu'ils répondent véritablement aux besoins et aux attentes des utilisateurs finaux.

8.4.4 Correction des biais : actualiser les modèles pour l'équité

Lorsque des biais sont détectés dans les systèmes d'intelligence artificielle (IA), il est impératif d'agir pour les neutraliser :

Mise à jour des modèles : Il est crucial d'ajuster ou de réentraîner les modèles d'IA en utilisant des ensembles de données plus représentatifs ou en implémentant des algorithmes spécialement conçus pour minimiser les biais. Cela peut impliquer l'intégration de techniques de machine learning qui favorisent l'équité.

Politiques de gestion des données : Les politiques et procédures de gestion des données doivent être examinées et éventuellement réformées pour s'assurer que les futurs jeux de données sont exempts de biais. Cela peut nécessiter de nouvelles stratégies de collecte de données, ainsi que des méthodes de nettoyage et de traitement des données pour éliminer les biais préexistants. Une fois les biais identifiés, des mesures doivent être prises pour les corriger :

8.4.5 Formation et sensibilisation

Pour prévenir les biais dans les systèmes d'intelligence artificielle (IA), la sensibilisation et l'éducation continues sont cruciales :

Programmes de formation : Il est essentiel de fournir des formations régulières aux équipes de développement sur les meilleures pratiques en matière d'équité et d'inclusion. Ces programmes doivent mettre en lumière les dernières recherches et outils disponibles pour la détection et la correction des biais.

Ateliers de sensibilisation : Des ateliers doivent être organisés pour souligner l'importance de l'évaluation continue des biais. Ces sessions peuvent aider les participants à reconnaître les biais potentiels dans les systèmes d'IA et à comprendre comment les atténuer de manière proactiveLa sensibilisation continue est nécessaire pour prévenir les biais :

Utilisation de la technologie pour l'évaluation

L'IA elle-même peut être utilisée pour aider à l'évaluation continue :

Outils d'analyse automatisés : utiliser des outils d'analyse automatisés pour surveiller et évaluer les systèmes d'IA en temps réel.

Systèmes de Reporting : mettre en place des systèmes de reporting qui alertent les équipes lors de la détection de modèles de comportement potentiellement biaisés.

8.4.6 Conclusion

L'évaluation continue est un aspect indispensable du développement responsable d'IA. Elle garantit que les produits d'IA évoluent et s'adaptent de manière à servir équitablement toute la société. Cela nécessite un engagement à l'apprentissage et à l'amélioration constants, en utilisant les retours pour affiner et améliorer les systèmes d'IA. Ce chapitre met l'accent sur l'importance des évaluations continues, présentant des stratégies et des outils pour intégrer cet aspect crucial dans la maintenance des systèmes d'IA et assurer qu'ils restent alignés avec un mandat éthique et inclusif tout au long de leur existence.

L'évaluation continue est un engagement envers la rigueur et la justesse, permettant d'identifier et de corriger les biais de manière dynamique. Cette pratique de vigilance constante est cruciale pour assurer que l'IA demeure un outil d'équité. L'accessibilité, qui est intrinsèquement liée à l'évaluation continue, sera le prochain point de discussion, soulignant comment une IA bien conçue doit être universellement accessible pour être véritablement inclusive.

8.5 Accessibilité de l'IA pour Tous

8.5.1 L'Impératif de l'accessibilité en IA : élargir les bénéfices technologiques

L'accessibilité en Intelligence Artificielle (IA) est cruciale pour assurer que les innovations technologiques profitent à l'ensemble de la société et ne créent pas de nouvelles barrières. Il s'agit de concevoir des systèmes d'IA qui soient non seulement avancés techniquement mais également accessibles, faciles à comprendre et à utiliser par des individus ayant des capacités, des besoins et des contextes différents.

8.5.2 Design Universel en IA : principes pour une utilité étendue

L'adoption du design universel dans le développement de l'intelligence artificielle (IA) vise à créer des produits qui ne sont pas seulement esthétiques mais aussi fonctionnels, utilisables et accessibles au plus grand nombre. Pour y parvenir, les concepteurs doivent appliquer les sept principes fondamentaux du design universel. Ces principes englobent l'équité d'utilisation, assurant que le design est utile et commercialisable à des personnes avec des capacités diverses; la flexibilité dans l'utilisation, offrant un large éventail de choix pour l'utilisation; la simplicité et l'intuitivité, de sorte que le produit est facile à comprendre, peu importe l'expérience, les connaissances, les compétences linguistiques ou le niveau de concentration de l'utilisateur; la tolérance à l'erreur, réduisant les risques et les conséquences d'actions accidentelles ou involontaires; l'effort physique minimal, permettant à l'utilisateur de maintenir une position confortable avec un effort minimal; la taille et l'espace appropriés pour l'accès et l'utilisation, indépendamment de la taille de l'utilisateur, de sa posture ou de sa mobilité; et enfin, une approche multisensorielle, engageant différents sens, ce qui rend le produit plus accessible à tous les utilisateurs.

En outre, le développement d'interfaces utilisateur (UI) intuitives est crucial. Ces interfaces doivent permettre aux utilisateurs de naviguer facilement et de comprendre rapidement les fonctionnalités, sans égard à leur expérience préalable ou à leurs capacités cognitives. Pour garantir cette accessibilité, des tests d'accessibilité rigoureux doivent être régulièrement menés, identifiant les obstacles qui empêchent l'accès et l'utilisation pleine et entière des fonctionnalités de l'IA, et ces problèmes doivent être résolus de manière à permettre à tous les utilisateurs de bénéficier de l'IA de manière égale et efficace.Le design universel en IA vise à créer des produits qui sont esthétiquement plaisants, largement utilisables et accessibles à tous :

8.5.3 Technologies assistives et IA : renforcer l'autonomie par l'innovation

Intégrer l'IA dans les technologies assistives pour améliorer l'autonomie et l'inclusion des personnes handicapées :

Assistance personnalisée : utiliser l'IA pour fournir une assistance personnalisée qui s'adapte aux besoins spécifiques des utilisateurs, comme la reconnaissance vocale pour les personnes ayant des difficultés motrices ou la conversion de texte en parole pour les malvoyants.

Dispositifs d'interaction innovants : concevoir des dispositifs qui permettent aux utilisateurs ayant des handicaps physiques ou sensoriels d'interagir avec la technologie d'une manière qui leur convientIntégrer l'IA dans les technologies assistives pour améliorer l'autonomie et l'inclusion des personnes handicapées :

8.5.4 Formation et sensibilisation pour une IA accessible : modules et ressources éducatives

L'éducation des professionnels et des utilisateurs est cruciale pour favoriser l'accessibilité dans le domaine de l'intelligence artificielle (IA).

Des modules de formation spécifiques sur l'accessibilité en IA sont nécessaires pour les développeurs et les designers. Ces formations doivent couvrir les meilleures pratiques et les stratégies pour créer des produits d'IA qui sont non seulement performants mais aussi pleinement accessibles à tous les utilisateurs, y compris ceux ayant des besoins spéciaux.

De plus, il est important de fournir aux utilisateurs des ressources éducatives adaptées. Ces ressources doivent les informer sur les fonctionnalités d'accessibilité disponibles et les guider sur la manière d'utiliser efficacement les systèmes d'IA accessibles.

En outre, ces ressources peuvent aider les utilisateurs à mieux comprendre comment l'IA peut soutenir leur autonomie et leur inclusion dans divers aspects de la vie quotidienneÉduquer les concepteurs, les développeurs et les utilisateurs sur l'importance et les pratiques de l'accessibilité

8.5.5 Conclusion

Pour que l'IA soit réellement bénéfique et inclusive, elle doit être accessible à tous. Cela nécessite une approche intentionnelle dès les premières étapes de conception, qui continue à travers le développement, les tests et la mise sur le marché. L'accessibilité ne doit pas être une réflexion après coup mais un objectif intégré tout au long du processus de création d'un produit. Ce chapitre détaille l'importance de l'accessibilité et du design universel en IA, offrant des directives pour la création de technologies qui enrichissent la vie de tous les utilisateurs, quelles que soient leurs capacités ou leurs besoins.

En adoptant les principes du design universel, nous façonnons une IA qui sert chaque individu, contribuant ainsi à une société où la technologie est un vecteur d'inclusion. Ce chapitre souligne que l'accessibilité doit être une priorité, non une réflexion postérieure. À partir de là, nous explorerons comment l'IA peut être intégrée dans les technologies assistives pour améliorer encore plus l'autonomie et l'inclusion des personnes handicapées

8.6 Technologies assistives et formation en IA

8.6.1 Intégration de l'IA dans les technologies assistives : personnalisation et assistants virtuel

Les technologies assistives jouent un rôle transformateur dans l'amélioration de la qualité de vie des personnes en situation de handicap. L'intégration de l'Intelligence Artificielle (IA) dans ces technologies augmente leur efficacité et leur adaptabilité, offrant des solutions personnalisées qui favorisent l'autonomie et l'inclusion sociale.

Personnalisation grâce à l'IA : des dispositifs qui apprennent et s'adaptent aux besoins et préférences individuels, comme des fauteuils roulants autonomes qui naviguent en fonction des habitudes de l'utilisateur ou des applications de reconnaissance vocale qui s'ajustent aux modèles de parole uniques.

Assistants Virtuels : l'usage d'assistants virtuels dotés d'IA pour aider les utilisateurs handicapés dans leurs tâches quotidiennes, offrant un soutien vocal pour l'interaction avec la technologie et l'environnement.

Interface Homme-Machine avancée : développement d'interfaces homme-machine innovantes qui permettent aux personnes avec divers types de handicap de contrôler efficacement et facilement les technologies assistives.

8.6.2 Formation et sensibilisation à l'IA : programmes et ateliers accessibles

La formation et la sensibilisation sont essentielles pour garantir que les avantages des technologies d'IA soient pleinement exploités par tous :

Programmes de formation accessibles : des programmes de formation conçus pour être accessibles, offrant des matériaux dans des formats divers (audio, visuel, tactile) et présentant des interfaces d'IA intuitives.

Ateliers de sensibilisation : ateliers et séminaires pour sensibiliser à l'importance des technologies assistives d'IA, démontrant leur potentiel pour améliorer l'indépendance et la qualité de vie.

Support et ressources : fournir un support continu et des ressources pour aider les utilisateurs à naviguer et à tirer le meilleur parti des technologies d'IA, y compris des tutoriels en ligne, des FAQ et une assistance clientèle.

8.6.3 Surmonter les barrières d'accès : évaluations de besoins et conception proactive

Identifier et surmonter les obstacles qui empêchent l'utilisation efficace des technologies d'IA :

Évaluations de besoins : réaliser des évaluations des besoins pour comprendre les obstacles spécifiques rencontrés par les personnes handicapées dans l'utilisation de l'IA.

Conception accessible : veiller à ce que les produits d'IA soient conçus en tenant compte de l'accessibilité dès le début, évitant ainsi la nécessité de modifications ou d'adaptations coûteuses après coup.

Partenariats stratégiques : collaborer avec des organisations de personnes handicapées, des chercheurs et des fournisseurs de technologies pour développer des solutions d'IA véritablement accessibles.

8.6.4 Conclusion

L'intégration de l'IA dans les technologies assistives, accompagnée d'une formation et d'une sensibilisation appropriées, représente un horizon prometteur pour l'amélioration de l'autonomie et de la qualité de vie des personnes en situation de handicap. En éliminant les barrières d'accès et en équipant les utilisateurs avec les connaissances et les outils nécessaires, l'IA peut devenir un levier puissant pour l'inclusion. Ce chapitre détaille l'importance de ces technologies et de l'éducation dans la création d'un environnement où l'IA est utilisée pour soutenir et enrichir la vie de tous les membres de la société.

L'union de l'IA avec les technologies assistives ouvre des avenues extraordinaires pour l'autonomie et l'inclusion sociale. Ce chapitre a mis en lumière la manière dont l'IA peut être personnalisée pour répondre aux besoins individuels, démontrant que l'accessibilité et l'autonomie sont au cœur de l'innovation inclusive. Ces technologies ne sont pas le point final mais le début d'une réflexion plus large sur la manière dont l'IA peut et doit être conçue, évaluée et mise en œuvre pour soutenir une société diversifiée et équitable

8.7 Cas d'utilisation : IA et réduction des inégalités

Pour incorporer des études de cas qui illustrent les points clés relatifs à la transparence et la responsabilité en IA, il est essentiel de sélectionner des exemples qui résonnent avec le lecteur et qui soulignent l'importance de ces concepts. Voici comment nous pourrions les intégrer dans le développement du chapitre :

8.7.1 Fondements de la transparence en IA

Étude de cas : utilisation d'un algorithme de tri de CV dans le recrutement, où le manque de transparence sur les critères de sélection a conduit à un biais non reconnu et à des pratiques de recrutement inéquitables. Exposition de comment la révélation de ces critères a permis de rectifier le tir.

8.7.1.1 Définition de la transparence dans le contexte de l'IA

La transparence en intelligence artificielle est un principe qui exige la clarté et la compréhensibilité des processus et des décisions algorithmiques. Elle implique que les mécanismes internes d'un système IA soient accessibles et compréhensibles par les parties prenantes, permettant ainsi de suivre et de comprendre le cheminement d'une entrée de données jusqu'à la sortie, ou décision, produite par le système. Cette transparence est souvent mise en œuvre à travers des pratiques telles que l'ouverture du code source, la documentation exhaustive des algorithmes et des processus de prise de décision, et la mise à disposition des données de formation pour examen.

8.7.1.2 L'importance de la transparence pour les utilisateurs et les concepteurs

Pour les utilisateurs, la transparence en IA garantit la capacité de valider et de faire confiance aux décisions prises par les systèmes automatiques, ce qui est essentiel dans des domaines critiques tels que la santé, la justice et les services financiers. Pour les concepteurs et développeurs, elle est un pilier pour l'audit, l'amélioration continue et l'assurance qualité de leurs systèmes d'IA. La transparence permet également de répondre aux exigences réglementaires croissantes en matière d'explicabilité et de responsabilité des décisions automatisées.

8.7.1.3 Comment la transparence en IA s'appuie sur les principes discutés dans les chapitres antérieurs

Dans les chapitres précédents, nous avons examiné des principes fondamentaux tels que l'éthique en IA, l'équité algorithmique, et la protection de la vie privée. La transparence est le fil conducteur qui relie tous ces concepts. Sans transparence, il serait difficile, voire impossible, d'évaluer si un système d'IA agit de manière éthique, traite les données de manière équitable, ou respecte la confidentialité des informations personnelles. En rendant les systèmes d'IA transparents, nous nous donnons les moyens de vérifier l'adhérence de ces systèmes aux normes éthiques et aux attentes sociétales.

8.7.2 La transparence comme prérequis à la responsabilité

Étude de cas : analyse de l'accident impliquant un véhicule autonome, où la transparence des données d'entrainement aurait pu permettre de mieux comprendre les défaillances et d'engager la responsabilité du constructeur.

8.7.2.1 Illustration des liens entre transparence et responsabilité

La transparence en IA est intrinsèquement liée à la responsabilité. Sans une compréhension claire des processus algorithmiques, il est difficile d'attribuer la responsabilité des actions et des décisions prises par les systèmes d'IA. La transparence agit comme un catalyseur pour la responsabilité en permettant aux concepteurs, aux régulateurs et aux utilisateurs de suivre le fil d'Ariane des décisions prises par les IA. C'est le socle sur lequel repose la capacité d'un système à être auditée, critiquée et améliorée.

8.7.2.2 Exemples d'IA où la transparence a permis d'identifier et de corriger des erreurs

Prenons l'exemple d'un algorithme utilisé pour évaluer les candidats à un emploi. Si cet algorithme développe des biais en favorisant certains groupes de candidats sur la base de données historiques discriminatoires, la transparence des processus de décision peut aider à identifier ces biais. Ainsi, les développeurs peuvent ajuster et corriger les algorithmes pour garantir une évaluation équitable. Un autre exemple est celui des systèmes de recommandation sur les plateformes de streaming. Lorsque ces systèmes commettent des erreurs, la transparence dans les algorithmes de recommandation permet aux ingénieurs de comprendre la cause et d'affiner les recommandations pour améliorer l'expérience utilisateur.

8.7.2.3 Discussion sur la manière dont la transparence contribue à la confiance et à l'acceptation des systèmes d'IA

La transparence contribue directement à la confiance dans les systèmes d'IA. Quand les utilisateurs comprennent comment les décisions sont prises, ils sont plus enclins à accepter et à faire confiance aux systèmes. Cela est particulièrement pertinent dans des domaines sensibles tels que la santé où les IA assistent dans le diagnostic et le traitement. La confiance est essentielle non seulement pour l'acceptation mais aussi pour l'intégration efficace des solutions d'IA dans la société.

8.7.3 La Responsabilité en IA : défis et Impératifs

Étude de cas : examen d'une IA utilisée pour la prédiction de risques financiers, où l'absence de clarté dans les prises de décision a mené à des pertes importantes, soulignant le besoin de responsabilisation des concepteurs et des utilisateurs.

8.7.3.1 Examen des défis à la responsabilisation dans les systèmes d'IA complexes

Les systèmes d'IA, notamment ceux qui emploient l'apprentissage profond, peuvent être extrêmement complexes et opaques. L'un des principaux défis est le "problème de la boîte noire" où même les concepteurs peuvent avoir du mal à comprendre comment l'IA est arrivée à une certaine décision. Cela pose des problèmes significatifs lorsqu'il s'agit d'attribuer la responsabilité, en particulier lorsque des décisions erronées peuvent avoir des conséquences graves, comme dans le cas des véhicules autonomes impliqués dans des accidents.

8.7.3.2 Les acteurs impliqués dans la responsabilité des IA (développeurs, utilisateurs, régulateurs)

Plusieurs parties prenantes partagent la responsabilité des actions et des décisions prises par les IA. Les développeurs et les entreprises qui les mettent sur le marché sont responsables de la conception et du déploiement éthique des technologies d'IA. Les utilisateurs, en particulier ceux qui ajustent ou entraînent des IA pour des tâches spécifiques, ont également une part de responsabilité. Enfin, les régulateurs jouent un rôle crucial en établissant les cadres légaux et éthiques qui régissent l'utilisation de l'IA.

8.7.3.3 La responsabilité partagée et la gouvernance des IA

Pour aborder efficacement la question de la responsabilité, il est essentiel d'établir des systèmes de gouvernance de l'IA qui impliquent une responsabilité partagée. Cela signifie créer des cadres qui encouragent la transparence et la collaboration entre tous les acteurs impliqués. Les régulateurs doivent travailler en étroite collaboration avec les développeurs d'IA pour comprendre les capacités et les limites des systèmes d'IA, et pour élaborer des réglementations qui promeuvent la responsabilité sans entraver l'innovation.

8.7.4 Perspectives d'avenir

Étude de cas : Rétrospective d'une IA déployée dans le secteur de la santé qui a évolué pour devenir entièrement transparente et responsable, montrant le potentiel d'amélioration et d'innovation responsable

8.7.4.1 Introduction

La technologie d'Intelligence Artificielle (IA) a le pouvoir de transformer de nombreux aspects de notre société. En particulier, elle offre des solutions innovantes pour réduire les inégalités sociales et économiques en rendant les services et les opportunités plus accessibles à ceux qui, autrement, pourraient être laissés pour compte.

8.7.4.2 IA dans le Secteur de la Santé

L'intégration de l'intelligence artificielle (IA) dans le secteur de la santé a le potentiel de transformer radicalement l'accès aux soins, particulièrement dans les régions où les ressources médicales sont limitées.

Télémédecine : L'IA joue un rôle clé en rendant la télémédecine plus efficace, permettant ainsi à des patients situés dans des zones reculées ou sous-desservies d'accéder à des consultations médicales à distance. Cela peut inclure des évaluations de santé, des conseils médicaux et même des diagnostics réalisés par des professionnels de santé via des plateformes numériques.

Analyse de données médicales : Des systèmes d'IA sophistiqués sont capables d'analyser de vastes ensembles de données médicales pour assister dans le diagnostic précoce des maladies. Cela peut aider à combler les lacunes en matière de détection et de traitement opportun des pathologies, en particulier dans les zones où les spécialistes sont peu nombreux.

Gestion personnalisée de la santé : L'IA peut également fournir des outils de gestion de santé personnalisée, conçus pour s'adapter à la condition spécifique et à l'historique de santé de chaque individu. Ces outils peuvent générer des plans de soins sur mesure, potentiellement améliorant les résultats des traitements et la qualité de vie des patientsLes applications d'IA en santé peuvent révolutionner l'accès aux soins médicaux dans les régions sous-desservies.

8.7.4.3 IA dans le secteur de l'éducation

Les plateformes d'enseignement enrichies par l'intelligence artificielle (IA) jouent un rôle de premier plan dans la démocratisation de l'accès à l'éducation de qualité. Elles offrent un apprentissage personnalisé en s'adaptant au niveau et aux préférences de chaque étudiant, ce qui rend l'expérience éducative profondément sur mesure et efficace. De plus, grâce aux outils d'assistance linguistique basés sur l'IA, les étudiants peuvent transcender les barrières de la langue, rendant l'éducation plus inclusive pour les apprenants non natifs. L'IA permet également un accès élargi à des ressources éducatives riches et variées, en recommandant du contenu adapté aux besoins spécifiques et aux centres d'intérêt de chaque apprenant, facilitant ainsi un parcours d'apprentissage enrichissant et personnalisé.

8.7.4.4 IA dans le secteur de l'emploi

L'intelligence artificielle (IA) est en train de devenir un puissant levier pour favoriser l'accès à l'emploi et soutenir le développement professionnel. Les plateformes de recrutement assistées par l'IA, par exemple, peuvent jouer un rôle clé dans la réduction des biais lors du processus de sélection, en assurant une plus grande équité dans les opportunités d'emploi. L'IA intervient également dans la formation et le développement des compétences, grâce à des applications capables d'identifier les besoins spécifiques en compétences des individus et de proposer des parcours de formation personnalisés pour renforcer leur employabilité.

En outre, l'IA facilite le réseautage professionnel en connectant les chercheurs d'emploi avec des opportunités adaptées à leur profil et des réseaux professionnels pertinents, ouvrant ainsi les portes à de nouvelles possibilités de carrièreL'IA peut également être un catalyseur pour l'accès à l'emploi et le développement professionnel

8.7.4.5 Conclusion

L'IA a le potentiel de servir de puissant égalisateur dans les secteurs clés tels que la santé, l'éducation et l'emploi, en fournissant des services qui étaient auparavant inaccessibles à de larges segments de la population. En exploitant l'IA pour cibler et réduire les inégalités, nous pouvons ouvrir la voie à une société plus juste et plus équilibrée. Ce chapitre illustre le potentiel transformatif de l'IA avec des cas concrets d'utilisation qui montrent comment la technologie peut être appliquée pour construire un avenir plus inclusif et équitable

En naviguant à travers les méandres de la transparence et de la responsabilité en intelligence artificielle, nous avons découvert la complexité inhérente à ces concepts, mais aussi leur importance cruciale pour un avenir équitable et éthique de l'IA. Nous avons vu comment la transparence sert de fondation à la confiance, permettant une responsabilité claire lorsque les systèmes d'IA sont déployés dans des contextes réels, affectant la vie de milliers, voire de millions d'individus.

À travers des études de cas vivantes, nous avons exploré les conséquences tangibles de l'opacité algorithmique et les bénéfices manifestes de pratiques plus ouvertes. Nous avons appris que lorsque les créateurs et les utilisateurs d'IA adoptent la transparence, ils engendrent non seulement la confiance mais aussi un terreau fertile pour l'innovation et l'amélioration continue.

Toutefois, la transparence sans responsabilité est incomplète. La responsabilité en IA assure que derrière chaque décision automatisée, il y a un engagement envers les valeurs humaines et éthiques, et un impératif de rendre des comptes en cas d'erreur ou de préjudice. C'est cette responsabilité qui ancre l'IA dans le tissu social, en la rendant non seulement intelligente mais également sage.

Alors que nous clôturons ce chapitre, nous devons reconnaître que notre voyage avec l'IA ne fait que commencer. La transparence et la responsabilité ne sont pas des destinations mais des voyages continus, des engagements que nous devons renouveler avec chaque avancée technologique.

Nous sommes à l'aube d'une ère où l'IA façonne notre quotidien, notre travail, et nos interactions. L'impact global de l'IA sur la société sera profond, mais sa direction est entre nos mains. Il est impératif que chaque acteur impliqué - des concepteurs aux utilisateurs, des régulateurs aux bénéficiaires - considère la transparence et la responsabilité comme des pierres angulaires de toute innovation.

Puisse ce chapitre servir de guide et de rappel que le futur de l'IA doit être conçu avec clarté et conscience, avec un engagement envers l'amélioration de l'humanité. Nous avons tous un rôle à jouer dans ce futur : pour questionner, pour comprendre, et pour agir. Que ce soit en demandant des comptes aux créateurs d'IA, en concevant des systèmes équitables, ou en éduquant les autres sur l'importance de ces principes, l'heure est à l'action. Car c'est en forgeant aujourd'hui la transparence et la responsabilité que nous bâtirons l'IA de demain.

Le quiz des pionniers

Quel principe de design vise à rendre les systèmes d'IA utilisables et accessibles à tous les utilisateurs, indépendamment de leurs capacités ou limitations ? a) Design minimaliste b) Design universel c) Design centré sur l'utilisateur

Comment les technologies assistives intégrant l'IA peuvent-elles améliorer la vie des personnes en situation de handicap ? a) En réduisant leur dépendance à l'égard de l'assistance humaine b) En augmentant la complexité des interactions avec la technologie c) En limitant leur accès à des services personnalisés

Quelle est l'importance de l'évaluation continue dans le développement et le déploiement des systèmes d'IA ? a) Elle permet d'augmenter la vitesse des systèmes d'IA b) Elle contribue à identifier et à corriger les biais au fil du temps c) Elle est seulement nécessaire lors de la phase initiale de conception

Quel est un exemple de cas d'utilisation de l'IA dans le domaine de l'éducation pour réduire les inégalités ? a) Systèmes d'IA qui augmentent les frais de scolarité en fonction de la demande b) Plateformes d'enseignement assistées par l'IA qui adaptent l'apprentissage aux besoins individuels c) Outils d'IA conçus exclusivement pour des institutions d'élite

Réponses au Quiz: 1-b, 2-a, 3-b, 4-b

La route de la réflexion

En quoi la conception inclusive peut-elle affecter la perception et l'adoption de l'IA par différents groupes au sein de la société ?

Réfléchissez à des stratégies qui pourraient être mises en place pour s'assurer que les technologies d'IA ne créent pas de nouvelles formes d'inégalités.

Comment les organisations peuvent-elles utiliser l'IA pour soutenir les individus dans des communautés sous-desservies ou marginalisées ?

Pensez à un service ou produit actuel basé sur l'IA. Comment pourrait-il être réévalué ou redéfini pour mieux servir une population plus diversifiée ?

Quels sont les défis potentiels à l'intégration de l'IA dans les technologies assistives et comment ces défis pourraient-ils être surmontés ?

Conclusion

Pour réaliser pleinement le potentiel de l'IA, il est impératif de s'attaquer aux problèmes d'inclusion et d'accessibilité. L'IA sans biais et accessible pour tous ne bénéficie pas seulement aux individus, mais aussi à la société dans son ensemble, en poussant vers une plus grande équité sociale. Ce chapitre souligne l'importance de l'adoption d'une approche intentionnelle et bien réfléchie dans la conception et l'application de l'IA pour garantir que ses avantages soient universellement accessibles et que la technologie agisse comme un levier pour réduire les inégalités

9. IA et confidentialité

9.1 Introduction : l'Intégration de l'IA dans notre quotidien

Imaginez un monde où chaque battement de votre cœur, chaque mouvement de vos yeux et chaque soupir que vous laissez échapper sont capturés, analysés et compris par une intelligence artificielle conçue pour améliorer votre santé et votre bien-être. Ceci n'est pas une dystopie lointaine; c'est la promesse d'une application révolutionnaire d'IA, "HeartSync", qui s'est rapidement intégrée dans la vie quotidienne de millions de personnes, leur offrant des insights sans précédent sur leur propre physiologie.

Cependant, l'utopie promise par HeartSync a commencé à se fissurer lorsque des révélations sur l'utilisation éthiquement douteuse des données personnelles ont éclaté. L'application, tant acclamée pour ses conseils personnalisés et préventifs, s'avérait également exploiter les données intimes des utilisateurs à des fins moins nobles, de la publicité ciblée à l'analyse comportementale pour des tiers.

Cette histoire n'est pas seulement celle d'une application; elle est représentative de la fine ligne que l'IA moderne doit naviguer entre l'innovation et l'intrusion. Alors que les progrès technologiques ouvrent des portes à des possibilités quasi infinies, ils posent également des questions cruciales sur la confidentialité et l'éthique que nous ne pouvons ignorer.

Le chapitre qui suit est un voyage à travers cette dynamique complexe, une exploration de la manière dont nous pouvons embrasser l'IA pour son immense potentiel tout en respectant la sanctité de notre vie privée.

9.2 Protection de la vie privée à l'ère de l'IA

Pour incorporer des études de cas qui illustrent les points clés relatifs à la transparence et la responsabilité en IA, il est essentiel de sélectionner des exemples qui résonnent avec le lecteur et qui soulignent l'importance de ces concepts. Voici comment nous pourrions les intégrer dans le développement du chapitre :

9.2.1 L'Intimité remodelée par les maisons intelligentes

À une époque où l'intelligence artificielle (IA) se fond dans le tissu même de notre quotidien, la notion de vie privée subit une transformation radicale. Si l'IA offre des opportunités de personnalisation et d'efficacité sans précédent, elle soulève aussi des inquiétudes quant à la surveillance omniprésente et à l'exploitation des données personnelles.

Prenez l'exemple de systèmes d'IA intégrés dans nos maisons intelligentes. Ils régulent la température, la lumière et la sécurité, apprenant de nos habitudes pour créer un environnement idéalement adapté à nos préférences. Cependant, en collectant des données sur nos routines quotidiennes, ces systèmes peuvent révéler plus que nous ne le souhaiterions : nos horaires de sommeil, nos moments de solitude ou de compagnie, et même nos moments de vulnérabilité.

9.2.2 Les assistants vocaux

De même, les assistants vocaux, qui répondent à nos questions et anticipent nos besoins, ont le potentiel d'écouter bien plus que les commandes que nous leur adressons. Les enregistrements accidentels et les écoutes non autorisées sont devenus une préoccupation majeure, car ils pourraient exposer des fragments de notre vie privée à des oreilles non désirées.

9.2.3 L'analyse d'impact sur la vie privée (AIPV) : de la théorie à la pratique

L'Analyse d'Impact sur la Vie Privée (AIPV) est une démarche proactive conçue pour évaluer comment les innovations technologiques, en particulier dans le domaine de l'IA, pourraient influer sur la confidentialité et la vie privée des utilisateurs avant leur déploiement. En pratique, considérons un hôpital qui envisage d'introduire un système d'IA pour surveiller le sommeil des patients. Une AIPV menée en amont pourrait identifier des risques potentiels, tels que la possibilité que le système enregistre par inadvertance des conversations privées.

Pour prévenir de telles intrusions, les concepteurs du système pourraient reconfigurer l'IA afin qu'elle ne se déclenche qu'en réponse à des commandes vocales spécifiques ou pendant des périodes définies où les conversations privées sont peu probables.

Ce processus illustre le concept de 'Privacy by Design', qui suggère que la protection de la vie privée doit être intégrée dans la conception des technologies dès le début, et non pas être considérée comme une addition après coup. Cette approche est essentielle pour garantir que les technologies d'IA respectent la vie privée des individus et renforcent la confiance des utilisateurs dans leur utilisation quotidienne.

9.2.4 Conception respectueuse de la vie privée

La théorie de "Privacy by Design" soutient que la protection de la vie privée doit être intégrée dans le développement des systèmes dès le départ, assurant ainsi que les données personnelles sont sécurisées et respectées à chaque étape du cycle de vie de la technologie. En pratique, une application de messagerie instantanée qui adopte ce principe peut choisir de chiffrer les messages de bout en bout par défaut. Cette méthode de chiffrement assure que les messages ne sont accessibles qu'aux participants de la conversation, excluant ainsi les tiers, y compris les fournisseurs de l'application. Cette approche non seulement protège la confidentialité des utilisateurs, mais renforce également leur confiance dans l'application, en leur garantissant que leur vie privée est une priorité constante dans la conception et l'utilisation de l'IA.

9.2.5 Minimisation des données : le minimum pour le maximum

La minimisation des données est une pratique de gestion des données qui stipule que seules les données essentielles pour atteindre un objectif spécifique doivent être collectées, et rien de plus. Cette théorie est particulièrement pertinente dans le contexte de l'intelligence artificielle (IA), où la collecte et l'analyse de données peuvent être très étendues.

En pratique, prenons l'exemple d'un service de recommandation de musique qui utilise l'IA. Pour adhérer au principe de minimisation des données, ce service se concentrerait sur la collecte des préférences musicales spécifiques de l'utilisateur, comme les genres ou les artistes favoris, plutôt que de surveiller et d'enregistrer toute son activité de navigation. Cette approche limite l'utilisation des données personnelles à ce qui est strictement nécessaire pour fournir le service, respectant ainsi la vie privée des utilisateurs tout en leur offrant des recommandations personnalisées.

9.2.6 Transparence utilisateur: clarté et contrôle

Le principe de transparence et de contrôle des utilisateurs stipule que ces derniers doivent être pleinement informés de l'usage qui est fait de leurs données et être en mesure de contrôler cette utilisation. En mettant en pratique ce principe, un fabricant de smartwatch, par exemple, peut mettre en place une interface utilisateur intuitive qui informe les consommateurs sur les types de données collectées, comme la fréquence cardiaque ou les niveaux d'activité physique. Cette interface permettrait aux utilisateurs de choisir facilement quelles données ils souhaitent partager. Ainsi, ils pourraient consentir à l'utilisation de certaines données pour des fonctionnalités spécifiques ou pour contribuer à l'amélioration des produits, tout en ayant la possibilité de refuser le partage d'autres types de données, garantissant une maîtrise personnelle sur leur vie privée.

La question se pose alors : comment pouvons-nous jouir des avantages de l'IA tout en protégeant ce qui nous est cher dans notre sphère privée ? Ce chapitre explore les mécanismes par lesquels l'IA impacte notre vie privée et les mesures qui peuvent être prises pour préserver notre intimité dans une ère de plus en plus numérique.

9.3 Impératif de la confidentialité dans le développement de l'IA

9.3.1 Vers une éthique de l'IA : la confidentialité comme pilier

Dans un paysage numérique où l'IA est omniprésente, la protection de la vie privée est passée d'une considération secondaire à un impératif de premier ordre. Les systèmes d'IA manipulent et analysent des quantités massives de données, allant des informations personnellement identifiables aux données de comportement.

La conception de ces systèmes doit donc intégrer des mesures de protection de la vie privée pour préserver la confiance et la sécurité des individus.

Les récits personnels et les préoccupations collectives convergent vers un impératif incontournable : la confidentialité doit être une pierre angulaire dans le développement de l'intelligence artificielle. À mesure que l'IA s'imprègne de notre vie professionnelle et personnelle, l'urgence de concevoir des systèmes qui respectent notre intimité devient une priorité absolue.

9.3.2 Privacy by Design" : intégrer la vie privée dès la conception

L'approche de "Privacy by Design", par exemple, est l'un des principes directeurs qui gagne du terrain dans la sphère du développement de l'IA.

Ce concept encourage les développeurs à intégrer la confidentialité dès les premiers stades de la conception des systèmes d'IA. Plutôt que de considérer la protection de la vie privée comme une extension ou une option, elle est perçue comme une composante intrinsèque de la technologie, indissociable de sa structure même.

Cela implique une série de pratiques proactives : l'analyse d'impact sur la vie privée, où chaque nouvelle fonctionnalité ou produit est évalué en termes de risques pour la confidentialité avant son lancement ; la minimisation des données, où seules les informations essentielles sont collectées ; et la pseudonymisation, qui sépare les données d'identification directe des autres informations traitées.

En outre, la conception respectueuse de la vie privée comprend la transparence vis-à-vis des utilisateurs. Cela signifie informer clairement les individus sur la manière dont leurs données sont utilisées, stockées et protégées, et leur donner le contrôle sur ces informations. Les utilisateurs doivent être en mesure de donner un consentement éclairé et de retirer ce consentement si nécessaire.

L'adoption de ces principes n'est pas seulement une question de conformité réglementaire ou de mitigation des risques ; c'est une question de respect des droits fondamentaux des utilisateurs et de maintien de leur confiance. En définitive, l'intégration de la confidentialité dans le développement de l'IA n'est pas seulement une obligation éthique, mais aussi un avantage concurrentiel.

Pour comprendre comment 'Privacy by Design' est appliqué dans les maisons intelligentes, référez-vous à la section 9.1.1 sur 'L'Intimité Remodelée par les Maisons Intelligentes

9.4 Diversité des approches de confidentialité dans les secteurs d'application

Dans le domaine complexe de la confidentialité de l'IA, différents secteurs illustrent la variété des défis et des approches pour protéger les données personnelles tout en fournissant des services innovants.

Les nuances de la confidentialité dans les différents secteurs sont ancrées dans les principes établis dans la section 9.2.1, 'Vers une Éthique de l'IA : La Confidentialité comme Pilier.

9.4.1 La Maison connectée : écoute active et confidentialité

Assistants vocaux comme Amazon Echo et Google Home : Ces appareils, omniprésents dans les foyers, traitent les commandes vocales pour fournir des services personnalisés. Pour éviter les écoutes non autorisées, ils sont conçus pour n'activer l'enregistrement qu'après avoir entendu le mot-clé de réveil. En conformité avec le RGPD, ils permettent aux utilisateurs de consulter et de supprimer leurs enregistrements vocaux, reflétant un engagement envers la transparence et le contrôle des utilisateurs.

9.4.2 La santé et le fitness à l'ère numérique : entre surveillance et sécurité

Dispositifs et applications de santé et de fitness comme Fitbit ou Apple Health : Ces outils suivent des données personnelles sensibles, comme l'activité physique et le sommeil. Ils s'engagent à protéger ces informations par le biais de mesures de sécurité robustes et de pratiques de collecte de données transparentes, assurant ainsi aux utilisateurs que leurs données de santé restent privées et sécurisées.

9.4.3 Réseaux Sociaux : publicité, données personnelles et contrôle utilisateur

Plateformes de médias sociaux telles que Facebook et Twitter : Avec des politiques de confidentialité en constante évolution, ces plateformes offrent aux utilisateurs un certain degré de contrôle sur leurs données personnelles, telles que la possibilité de modifier les paramètres de confidentialité et d'accéder aux données stockées. Cependant, les défis persistent dans la manière dont ces données sont utilisées pour la publicité ciblée et le partage avec des tiers.

9.4.4 Personnalisation et confidentialité dans les services de streaming

Services de streaming comme Netflix et Spotify : Ils utilisent les données des utilisateurs pour affiner leurs algorithmes de recommandation, tout en prenant soin de protéger les préférences et l'historique des utilisateurs. La confidentialité est maintenue grâce à des pratiques de pseudonymisation et de sécurisation des données, assurant ainsi que les recommandations personnalisées ne compromettent pas l'anonymat de l'utilisateur.

9.4.5 La reconnaissance faciale : surveillance et consentement

Technologies de reconnaissance faciale : déployées dans les espaces publics et privés, ces technologies soulèvent des questions de confidentialité significatives. Les réglementations, comme le RGPD, restreignent leur utilisation, exigeant un consentement clair et offrant aux individus la possibilité de refuser le traitement de leurs données biométriques.

9.4.6 CRM et IA : gérer la relation client tout en préservant l'ntimité

Systèmes de Gestion de la Relation Client (CRM) : les solutions CRM intégrant l'IA manipulent de vastes ensembles de données clients pour améliorer l'engagement et le service. La confidentialité est préservée par des protocoles de chiffrement, un accès restreint et des politiques de conservation des données qui garantissent que les informations restent confidentielles et sécurisées.

9.4.7 La conduite autonome : sécurité, efficacité et données privées

Voitures autonomes : ces véhicules collectent des données détaillées pour améliorer la sécurité et l'efficacité des trajets. Les constructeurs doivent naviguer entre l'utilisation de ces données pour l'amélioration continue et la protection des données de localisation et des habitudes de conduite des utilisateurs contre un accès non autorisé ou une exploitation commerciale.

Chaque secteur présente un cas unique de l'interplay entre l'innovation technologique et la protection de la vie privée, illustrant la nécessité de solutions de confidentialité adaptées et de cadres réglementaires réfléchis pour guider l'utilisation responsable de l'IA.

Cette section relie les implications personnelles de la vie privée avec les nécessités du développement de l'IA, soulignant l'importance de pratiques éthiques qui respectent les droits des individus. Elle sert de prélude à une discussion plus technique sur les cadres réglementaires et les mesures de conformité dans les sections suivantes.

9.5 Cadres réglementaires et conformité

Dans le domaine complexe de la confidentialité de l'IA, différents secteurs illustrent la variété des défis et des approches pour protéger les données personnelles tout en fournissant des services innovants.

9.5.1 RGPD : une révolution réglementaire pour l'IA

Dans le récit de la confidentialité de l'IA, les cadres réglementaires tels que le Règlement Général sur la Protection des Données (RGPD) et d'autres lois similaires incarnent les gardiens vigilants de la vie privée des utilisateurs. Ces textes législatifs ne sont pas de simples ensembles de règles ; ils sont plutôt les héros méconnus qui façonnent le paysage de l'IA, veillant à ce que l'innovation et la protection des données personnels avancent main dans la main.

Le RGPD, par exemple, sert de modèle mondial, mettant en avant des principes clés comme la limitation de la finalité, la minimisation des données, et la transparence, qui sont devenus des critères de base dans le développement des systèmes d'IA. Ces principes ne sont pas de simples directives, mais des exigences juridiques qui renforcent l'architecture même des technologies de l'IA, les rendant dignes de la confiance des utilisateurs.

9.5.2 Les principes réglementaires comme tissu de la protection de la vie privée

Chaque principe est comme un fil qui tisse la toile de la protection de la vie privée :

La limitation de la finalité garantit que les données collectées sont utilisées uniquement pour des raisons explicites et légitimes.

La minimisation des données exige que seules les données nécessaires soient collectées.

La précision impose que les données soient tenues à jour et exactes.

La limitation de la conservation assure que les données ne sont pas gardées plus longtemps que nécessaire.

L'intégrité et la confidentialité obligent à sécuriser les données contre les accès non autorisés ou illégaux.

La responsabilité requiert que les gestionnaires de données soient capables de démontrer leur conformité avec tous ces principes.

À l'ère de l'IA, où les technologies évoluent rapidement, ces gardiens réglementaires imposent une discipline essentielle. Ils veillent à ce que les entreprises et les développeurs d'IA ne se contentent pas de poursuivre l'innovation pour l'innovation, mais qu'ils le fassent avec une conscience aiguë des impacts sur la vie privée des individus. Le respect de ces cadres réglementaires est essentiel non seulement pour éviter des sanctions, mais aussi pour bâtir une relation de confiance durable avec les utilisateurs.

En incarnant ces lois et ces principes en tant que protecteurs de la confidentialité, nous comprenons mieux leur rôle fondamental : ils ne sont pas des obstacles, mais des partenaires essentiels dans la quête d'un futur où l'IA enrichit les vies sans compromettre la liberté individuelle.

Le respect des cadres réglementaires est essentiel pour la protection des données :

> *RGPD et autres Lois* : le Règlement Général sur la Protection des Données (RGPD) de l'Union européenne est l'un des exemples les plus marquants de réglementations strictes conçues pour défendre la confidentialité. Des lois similaires à travers le monde imposent des obligations aux entreprises et aux développeurs d'IA pour garantir la sécurité des données personnelles.
>
> *Principes de Protection des Données* : ces réglementations sont ancrées dans des principes clés comme la limitation de la finalité, la minimisation des données, la précision, la limitation de la conservation, l'intégrité et la confidentialité, ainsi que la responsabilité des gestionnaires de données.

9.6 Mesures de protection dans les systèmes d'IA

Dans le domaine complexe de la confidentialité de l'IA, différents secteurs illustrent la variété des défis et des approches pour protéger les données personnelles tout en fournissant des services innovants.

Au cœur de la quête pour une IA respectueuse de la vie privée, les mesures de protection se dressent comme des champions, défendant ardemment l'intimité et la sécurité des données des utilisateurs. Ces mesures ne sont pas de simples boucliers ; elles sont la manifestation de l'engagement éthique des créateurs d'IA à préserver la dignité et la liberté des individus.

9.6.1 L'analyse d'impact sur la vie privée : une étape proactive

Considérez l'Analyse d'Impact sur la Vie Privée (AIPV) comme le stratège sage et prévoyant. Avant qu'un nouveau système d'IA ne soit déployé ou qu'une nouvelle fonctionnalité ne soit lancée, l'AIPV est menée pour anticiper et atténuer les risques potentiels pour la vie privée. Elle ne se contente pas de protéger les utilisateurs contre les dommages, mais guide également les ingénieurs à travers les méandres de la conception de systèmes pour s'assurer que la confidentialité n'est pas une réflexion après coup, mais une considération de premier plan.

9.6.2 La conception respectueuse de la vie privée et la transparence utilisateur

Puis il y a la conception respectueuse de la vie privée, le chevalier qui préconise la protection de la vie privée dès les premières étapes de la conception des systèmes d'IA. Ce n'est pas un gardien réactif ; c'est un protecteur proactif, s'assurant que chaque composant du système est imbriqué avec des garanties de confidentialité. En intégrant la vie privée dans le processus de développement, les ingénieurs peuvent s'assurer que les systèmes d'IA respectent les utilisateurs dès leur conception.

La transparence utilisateur est le héraut de la confiance, déclarant ouvertement aux utilisateurs comment leurs données sont recueillies, utilisées et protégées. En fournissant des informations claires et en donnant aux utilisateurs le contrôle sur leurs données, les systèmes d'IA renforcent leur légitimité et leur acceptation.

Des histoires de victoires existent où ces mesures ont été les héros méconnus. Prenez le cas d'une application de santé utilisant l'IA pour fournir des diagnostics personnalisés. En effectuant une AIPV approfondie, les développeurs ont identifié des risques de divulgation involontaire de données sensibles et ont ajusté l'algorithme pour minimiser la collecte de données. Grâce à la conception respectueuse de la vie privée, ils ont intégré des contrôles de confidentialité que les utilisateurs pouvaient facilement comprendre et gérer. La transparence a été assurée en informant les utilisateurs de la manière dont leurs données contribueraient à leurs soins de santé sans compromettre leur vie privée.

En célébrant ces mesures de protection non pas comme des contraintes, mais comme des vecteurs d'innovation responsable, nous reconnaissons leur rôle essentiel dans le maintien d'un équilibre délicat entre les avancées technologiques et les droits individuels à la vie privée.

Pour se conformer à ces réglementations et protéger la vie privée des utilisateurs, les systèmes d'IA doivent intégrer plusieurs mesures de protection :

1. Analyse d'Impact sur la Vie Privée : Réaliser des analyses d'impact sur la protection des données personnelles avant le déploiement de nouveaux systèmes ou de nouvelles fonctionnalités.

2. Conception Respectueuse de la Vie Privée : Implémenter le concept de "Privacy by Design", qui préconise l'intégration de la protection de la vie privée dès les premières étapes de conception des systèmes d'IA.

3. Transparence Utilisateur : Fournir aux utilisateurs des informations claires sur la collecte, l'utilisation et la gestion de leurs données, ainsi que sur les contrôles disponibles pour gérer leur vie privée.

9.7 Défis de la vie privée dans l'IA

Dans toute histoire captivante, les antagonistes donnent souvent aux héros l'occasion de briller. En matière de confidentialité dans l'IA, ces adversaires prennent la forme de défis techniques et d'un équilibre précaire entre innovation et confidentialité.

9.7.1 Naviguer la complexité technique de l'IA

La Complexité Technique se profile comme un labyrinthe obscur, ses algorithmes d'IA complexes brouillant la compréhension de l'utilisateur moyen. Comment leurs données sont-elles traitées ? Quels en sont les effets ? Ces questions demeurent souvent sans réponse, créant un fossé entre les utilisateurs et la technologie qui les sert. Pour combattre cette obscurité, des cas comme celui d'une plateforme de médias sociaux ont émergé. Après avoir été critiquée pour sa gestion opaque des données, cette plateforme a mis en place des outils de visualisation des données, permettant aux utilisateurs de voir clairement comment leurs informations étaient analysées et utilisées.

9.7.2 L'équilibre entre innovation et confidentialité : un exercice d'équilibriste

L'équilibre entre innovation et confidentialité est un fil d'acier tendu, où les créateurs d'IA doivent jongler avec audace.

D'un côté, il y a la soif d'innovation, poussant vers de nouveaux sommets technologiques ; de l'autre, la nécessité impérieuse de protéger la vie privée des utilisateurs. Un exemple éloquent est celui d'une startup spécialisée dans l'apprentissage automatique qui, en explorant de nouvelles frontières de l'analyse de données, a veillé à ce que la confidentialité ne soit pas sacrifiée. Ils ont adopté des techniques de privacy by design et ont mené des études d'impact sur la vie privée avant le lancement de chaque nouveau produit, assurant ainsi un équilibre entre progrès et protection.

En fin de compte, ces défis sont des catalyseurs pour l'innovation responsable. Ils incitent les ingénieurs et les concepteurs à chercher des solutions plus intelligentes et plus éthiques. Lorsque ces défis sont abordés avec ingéniosité et un engagement envers la protection de la vie privée, l'IA peut progresser de manière à enrichir les vies tout en préservant la dignité et la liberté individuelles.

Malgré les réglementations, plusieurs défis demeurent :

1. Complexité technique : la complexité des algorithmes d'IA peut rendre difficile pour les utilisateurs de comprendre comment leurs données sont traitées.
2. Équilibre entre innovation et confidentialité : trouver le juste milieu entre le développement de technologies innovantes et la protection des données personnelles est une tâche délicate qui nécessite une attention continue.

9.8 Pratiques de confidentialité et de sécurité dans l'IA

Dans toute histoire captivante, les antagonistes donnent souvent aux héros l'occasion de briller. En matière de confidentialité dans l'IA, ces adversaires prennent la forme de défis techniques et d'un équilibre précaire entre innovation et confidentialité.

9.8.1 Principes de minimisation des données et techniques de pseudonymisation

9.8.1.1 Minimisation des Données : Un Pilier de la Confidentialité

La minimisation des données est un principe fondamental dans la protection de la vie privée, particulièrement pertinent dans le contexte de l'IA, qui a la capacité de traiter et d'analyser des volumes de données sans précédent.

Définition de la minimisation : le principe de minimisation des données stipule que seules les données nécessaires à des fins spécifiquement déclarées doivent être collectées et traitées. Cela implique une évaluation critique des informations requises pour accomplir une tâche donnée et un engagement à ne pas collecter des données excédentaires.

Application pratique : dans la pratique, cela signifie établir des protocoles clairs pour chaque projet d'IA, où chaque type de donnée collectée est justifié par un besoin spécifique. Les systèmes d'IA doivent être programmés pour requérir et stocker uniquement ces données pertinentes.

Avantages : la minimisation des données aide à réduire les risques de fuites de données et les implications légales en cas de non-conformité aux réglementations sur la vie privée. Cela limite également la responsabilité des organisations en cas de violation de données.

9.8.1.2 Techniques de pseudonymisation : renforcer l'anonymat

La pseudonymisation est une technique de traitement des données qui remplace les identifiants personnels dans un ensemble de données par des pseudonymes ou des identifiants non reconnaissables, réduisant ainsi les risques d'identification des sujets de données.

"Les aspects techniques du chiffrement liés à la pseudonymisation sont abordés plus en détail dans la sous-section 'Chiffrement Avancé' (section 2.2)."

Mise en Œuvre de la Pseudonymisation : L'implémentation de la pseudonymisation commence par le remplacement des noms, des numéros d'identification et d'autres identifiants directs par des codes ou des identifiants aléatoires. Cette opération doit être réalisée de manière à ce que la ré-identification ne soit possible qu'avec l'accès à une information supplémentaire conservée séparément et en sécurité.

Rôle dans la Protection de la Vie Privée : La pseudonymisation est particulièrement utile pour les ensembles de données utilisés pour l'entraînement et le test des systèmes d'IA, car elle permet aux développeurs de travailler avec des informations pertinentes tout en protégeant l'identité des individus.

Conformité Réglementaire : Cette technique est souvent encouragée, voire exigée, par des réglementations sur la protection des données comme le RGPD, car elle contribue à la protection de la vie privée tout en permettant une certaine forme d'analyse de données.

Conclusion

L'adoption des principes de minimisation des données et des techniques de pseudonymisation est essentielle pour naviguer dans le paysage complexe de la confidentialité à l'ère de l'IA. Ces approches permettent aux organisations d'exploiter le potentiel de l'IA pour l'analyse de données tout en respectant les droits à la vie privée des individus. Cela crée un équilibre entre l'innovation technologique et la conformité éthique, assurant que les progrès dans le domaine de l'IA soient responsables et durables. Ce chapitre fournit une vue détaillée sur la manière de mettre en pratique la minimisation des données et la pseudonymisation, éléments clés pour renforcer la confidentialité dans les applications d'IA.

9.8.2 IA et Sécurité des Données Personnelles

9.8.2.1 Interconnexion de l'IA et de la Sécurité des Données

La sécurité des données personnelles est un élément essentiel dans l'écosystème de l'Intelligence Artificielle (IA). En raison de la capacité de l'IA à traiter des données sensibles à grande échelle, des mesures robustes doivent être prises pour assurer la protection de ces informations tout au long de leur cycle de vie.

9.8.2.2 Chiffrement Avancé

Le chiffrement représente une mesure essentielle pour la sauvegarde des données personnelles, agissant comme un rempart contre les accès non autorisés.

Chiffrement de Bout en Bout : Cette technique garantit que les données sont cryptées dès leur origine et restent ainsi jusqu'à leur destination finale, où elles sont finalement déchiffrées. Cela empêche leur lecture par des intermédiaires pendant le transfert ou le stockage.

Algorithmes de Chiffrement : L'emploi d'algorithmes de chiffrement avancés est crucial, et ceux-ci doivent être régulièrement actualisés pour contrer les nouvelles techniques de piratage et les progrès en cryptanalyse.

Gestion des Clés : Une gestion rigoureuse des clés de chiffrement est impérative. Il est essentiel d'assurer la sécurité des clés avec la même rigueur que celle appliquée à la protection des données elles-mêmes, pour éviter tout compromis de l'intégrité des données.

Les mécanismes d'authentification forte mentionnés ici sont complémentaires aux stratégies de contrôle d'accès décrites dans la sous-section 'Accès Contrôlé aux Données' (section 2.3 Accès Contrôlé aux Données).

9.8.2.3 Le contrôle de l'accès aux données

Il est crucial pour prévenir les violations de données :

1. Authentification forte : mise en œuvre de systèmes d'authentification multicouche comprenant des mots de passe, des tokens de sécurité, la biométrie et d'autres facteurs d'authentification.

2. Autorisation Basée sur les Rôles : Assignation de droits d'accès spécifiques basés sur les rôles et les responsabilités des utilisateurs, en s'assurant que les individus ne peuvent accéder qu'aux données nécessaires à leurs tâches.

3. Journalisation et Surveillance : Établissement d'un suivi détaillé des accès aux données, permettant une traçabilité complète des interactions avec les données sensibles.

Cette approche doit être alignée avec les politiques de minimisation des données, comme exposé dans 'Principes de Minimisation des Données et Techniques de Pseudonymisation' (section 1.1).

9.8.2.4 Formation et Sensibilisation à la Sécurité

Informer et former les utilisateurs et les développeurs est une composante essentielle de la sécurité des données :

1. Programmes de Formation en Sécurité : Organiser des formations régulières pour que le personnel comprenne les meilleures pratiques de sécurité des données.

2. Sensibilisation aux Menaces : Éduquer sur les menaces actuelles en matière de cybersécurité et les techniques utilisées par les cybercriminels.

9.8.2.5 Audits de Sécurité

Les audits réguliers de sécurité aident à identifier et à corriger les vulnérabilités :

- Évaluations des Risques : Réaliser des évaluations des risques pour identifier les points faibles potentiels dans la sécurité des données.
- Tests d'Intrusion : Effectuer des tests d'intrusion réguliers pour évaluer la capacité des systèmes à résister aux attaques.

9.8.2.6 Conclusion

La sécurisation des données personnelles dans les applications d'IA n'est pas une tâche ponctuelle mais un processus continu qui nécessite une vigilance constante et une adaptation aux nouvelles menaces. L'implémentation de chiffrement avancé, le contrôle strict de l'accès aux données, la formation continue et les audits de sécurité sont des étapes essentielles pour maintenir la confiance des utilisateurs et protéger les informations personnelles. Ce chapitre détaille l'importance de ces mesures dans le contexte de l'IA et offre un guide pour leur mise en œuvre, assurant que la sécurité des données personnelles reste au cœur des pratiques de développement et d'utilisation de l'IA.

9.8.3 Défis et solutions pour la confidentialite des données en IA

9.8.3.1 Les complexités de la confidentialité en IA

La confidentialité des données dans les applications d'Intelligence Artificielle (IA) présente des défis uniques, exacerbés par la quantité de données traitées et la complexité des algorithmes. Ces défis incluent la protection des informations personnelles tout en tirant parti des capacités analytiques de l'IA.

"Pour une exploration des implications de la pseudonymisation sur la confidentialité, référez-vous à la section 'Techniques de Pseudonymisation' (section 1.2)

9.8.3.2 Intégrité et confidentialité computationnelle

Les notions de chiffrement homomorphique sont explorées dans un contexte pratique dans 'IA et Sécurité des Données Personnelles', spécifiquement dans la partie sur le chiffrement de bout en bout (section 2.2)

Les techniques avancées sont essentielles pour maintenir la confidentialité lors de l'analyse des données :

1. Calcul Sécurisé Multipartite : Cette méthode permet à plusieurs parties de collaborer à des calculs sur leurs données sans révéler ces données les unes aux autres, garantissant que l'information sous-jacente reste confidentielle.
2. Chiffrement Homomorphique : Il permet de réaliser des calculs sur des données chiffrées sans nécessiter leur déchiffrement, offrant ainsi la possibilité d'effectuer des analyses sécurisées sans compromettre la confidentialité.

9.8.3.3 Anonymisation et Privacy Différentielle

L'anonymisation et la privacy différentielle sont deux approches clés pour protéger l'identité des individus :

1. Anonymisation : Elle vise à supprimer ou modifier les identifiants personnels dans les données de telle sorte que les individus ne puissent pas être aisément identifiés.
2. Privacy Différentielle : Cette technique ajoute un bruit aléatoire aux résultats des requêtes sur des bases de données, ce qui empêche l'identification des données d'un individu tout en fournissant des informations statistiques utiles.

9.8.3.4 Audits et contrôles réguliers

Les audits de confidentialité sont essentiels et doivent être réalisés en accord avec les principes détaillés dans la section 'IA et Sécurité des Données Personnelles' (section 2), en particulier concernant la gestion des clés de chiffrement

Des audits réguliers sont nécessaires pour assurer l'efficacité continue des mesures de confidentialité :

1. Audits de Confidentialité : Examiner les pratiques de confidentialité et de protection des données pour identifier les risques potentiels et les vulnérabilités.
2. Contrôles de Conformité : Vérifier que les systèmes d'IA sont en conformité avec les politiques de confidentialité internes et les réglementations externes.

Conclusion

Les solutions pour relever les défis de la confidentialité en IA sont aussi variées que les défis eux-mêmes. L'adoption de techniques comme le calcul sécurisé multipartite, le chiffrement homomorphique, l'anonymisation, et la privacy différentielle, combinée avec des audits réguliers, peut aider à renforcer la confidentialité des données. Ces mesures sont vitales pour maintenir la confiance des utilisateurs et respecter les lois sur la protection des données. Ce chapitre fournit un aperçu détaillé des défis de la confidentialité des données en IA et des stratégies innovantes mises en œuvre pour les surmonter, soulignant l'importance de la vigilance et de l'innovation constantes dans la protection de la vie privée à l'ère numérique

Comme dans toute épopée où la lumière se fraie un chemin à travers l'obscurité, notre histoire sur la confidentialité dans l'IA se termine par une prise de conscience collective et un appel à l'action. Nous avons voyagé à travers les territoires complexes de l'innovation, rencontré les gardiens de la réglementation et salué les héros de la protection de la vie privée. Mais le voyage ne s'arrête pas là.

La nécessité d'une vigilance constante et d'une évolution des pratiques est la boussole qui doit guider le développement de l'IA. Ce n'est qu'avec une collaboration étroite entre développeurs, utilisateurs et législateurs que nous pouvons espérer naviguer dans ces eaux tumultueuses. Comme les marins guidés par les étoiles, nous devons garder nos valeurs de confidentialité et d'éthique en vue, permettant ainsi à l'innovation de prospérer sans sacrifier notre intégrité.

Appel à l'action :

À vous, les architectes de l'IA, construisez avec précaution, en intégrant la vie privée dans chaque ligne de code. À vous, les utilisateurs, exercez votre pouvoir, en demandant transparence et contrôle. Et à vous, les législateurs, forgez les boucliers de la loi pour protéger les citoyens dans cette nouvelle ère numérique.

Ensemble, nous pouvons assurer que la technologie serve l'humanité avec respect et dignité, transformant l'histoire de l'IA en un récit où la vie privée ne soit pas une relique du passé, mais un pilier de notre futur numérique.

Le quiz des pionniers

Quelle technique permet de réaliser des analyses de données sans déchiffrer les informations sous-jacentes ? a) Chiffrement symétrique b) Chiffrement homomorphique c) Chiffrement asymétrique

Quel principe de protection des données implique de ne collecter que les données strictement nécessaires pour accomplir une tâche donnée ? a) Minimisation des données b) Maximisation des données c) Multiplication des données

Qu'est-ce que la privacy différentielle ? a) Une méthode qui assure la divulgation complète des données personnelles b) Une technique qui ajoute un bruit aléatoire aux données pour prévenir l'identification des individus c) Un processus de suppression de toutes les données personnelles d'une base de données

Pourquoi les audits de confidentialité sont-ils importants dans les systèmes d'IA ? a) Ils permettent d'augmenter la capacité de stockage des données b) Ils assurent que les systèmes d'IA restent performants et rapides c) Ils aident à vérifier la conformité avec les politiques de confidentialité et à identifier les risques potentiels

Réponses au Quiz : 1-b, 2-a, 3-b, 4-c

La route de la réflexion

Comment les cadres réglementaires comme le RGPD influencent-ils la conception et l'utilisation des systèmes d'IA dans votre région ou votre secteur d'activité ?

Réfléchissez aux implications éthiques et pratiques de l'utilisation de l'anonymisation et de la privacy différentielle dans les projets d'IA que vous connaissez ou envisagez.

Quels sont les défis potentiels que vous percevez dans l'application des principes de minimisation des données dans les systèmes d'IA complexes, et comment ces défis pourraient-ils être surmontés ?

10. Perspectives futures en ia et rse

10.1 Introduction

Imaginez un petit village côtier où les traditions de pêche se transmettent de génération en génération. Les villageois, bien que prudents face à la modernité, ont récemment fait face à un défi : leurs méthodes traditionnelles ne suffisaient plus pour prévoir les stocks de poissons, ce qui entraînait une surpêche et un écosystème en danger. C'est alors qu'une start-up technologique, spécialisée dans l'IA éthique, est arrivée avec une solution qui allait transformer leur manière de vivre.

Cette start-up a développé une application d'IA explicative, appelée "NetCast", qui prédisait non seulement les mouvements des bancs de poissons avec une précision étonnante, mais expliquait également ses prévisions en des termes que les pêcheurs pouvaient comprendre et utiliser. La transparence de NetCast a gagné la confiance des villageois, qui ont commencé à l'utiliser pour planifier leurs sorties en mer.

En quelques mois, l'application a permis de réduire la surpêche, de stabiliser les stocks de poissons et d'améliorer les moyens de subsistance. Les pêcheurs ont été émerveillés de voir comment une technologie, qu'ils considéraient autrefois avec méfiance, pouvait coexister avec leurs traditions séculaires et les renforcer.

Cette histoire de transformation par l'IA éthique et explicative est le témoignage d'une ère nouvelle : une ère où la technologie et la tradition s'entremêlent pour le bien commun, préfigurant les perspectives futures de l'intelligence artificielle et de la responsabilité sociétale des entreprises.

L'expérience du village côtier avec 'NetCast' illustre le potentiel de l'IA à enrichir des traditions séculaires et à résoudre des problèmes contemporains. Cette convergence de l'ancien et du nouveau n'est qu'un exemple des multiples façons dont l'IA éthique redéfinit notre avenir.

En examinant les tendances émergentes en IA, nous découvrirons d'autres innovations qui, tout comme 'NetCast', transforment des secteurs variés et renforcent notre engagement envers des pratiques responsables."

10.2 Les tendances émergentes en IA et leur impact sociétal

10.2.1 L'IA explicative dans le secteur médical

IA Explicative : Au cœur de la mégalopole, une clinique de pointe s'est lancée dans une mission ambitieuse : rendre les diagnostics médicaux plus transparents et compréhensibles pour ses patients. À l'aide d'un système d'IA explicative, la clinique a commencé à fournir non seulement des résultats de tests, mais aussi des explications claires sur ce que ces résultats signifiaient. Lorsqu'un scan révélait une anomalie, l'IA était capable de guider le patient à travers les étapes du diagnostic, expliquant chaque probabilité et chaque scénario avec une clarté humaine. La confiance des patients s'est accrue, tout comme leur satisfaction, car ils se sentaient impliqués et compris dans leur parcours de soins.

10.2.2 L'accès démocratisé à l'IA : innovation dans l'éducation

IA Démocratisée : Dans un petit appartement envahi par des notes et des croquis, Alex, un entrepreneur sans background en IA, travaillait d'arrache-pied sur son ordinateur. En utilisant une plateforme d'IA accessible, il a développé une application destinée aux éducateurs, permettant de créer des parcours d'apprentissage personnalisés pour les élèves ayant des besoins spéciaux. Son application, "LearnUnique", s'est rapidement répandue, brisant les barrières de l'éducation spécialisée et prouvant que l'accès démocratisé à l'IA pouvait révolutionner des secteurs entiers, un utilisateur à la fois l'humain et le digital.

10.2.3 Vers une IA durable : l'engagement de GreenFoot

IA Éthique et Durable : Pendant ce temps, une grande entreprise de technologie verte a pris l'initiative d'intégrer les principes de l'IA durable dans ses opérations. Leur application phare, "GreenFoot", utilise des algorithmes avancés pour aider les individus et les entreprises à calculer et à réduire leur empreinte carbone. En fournissant des suggestions personnalisées pour des choix de vie et de travail plus durables, "GreenFoot" a non seulement sensibilisé à l'importance de la durabilité, mais a également permis de réaliser des économies substantielles en ressources et en coûts, illustrant l'énorme potentiel de l'IA éthique dans le commerce moderne.

Chacune de ces histoires illustre la puissance transformatrice de l'IA lorsqu'elle est appliquée avec une intention éthique et une compréhension profonde des besoins humains. Elles mettent en avant les changements prometteurs que les tendances émergentes en IA peuvent apporter dans le futur proche.

10.3 IA explicative: transparence et confiance

Définition et objectifs : l'IA explicative se concentre sur la création de systèmes capables de détailler le processus décisionnel derrière leurs actions ou recommandations. L'objectif est d'améliorer la compréhension humaine des modèles d'IA, rendant les résultats des algorithmes moins "boîte noire" et plus "boîte de verre".

Techniques et approches : cela implique l'utilisation de techniques avancées d'explicabilité, comme les modèles de décision basés sur des règles ou des arbres, et des approches de visualisation des données qui rendent les processus d'IA plus accessibles et intelligibles.

Impact sociétal : en rendant les systèmes d'IA plus transparents, on renforce la confiance des utilisateurs et des régulateurs, et on facilite la collaboration entre les machines et les humains, en particulier dans des domaines critiques comme la médecine ou la justice.

10.4 IA démocratisée: accès et équité

Accès et empowerment : l'IA démocratisée signifie rendre les outils et plateformes de développement d'IA plus accessibles au grand public. Cela ouvre la voie à une plus grande innovation et à une diversité des applications, car les personnes sans formation spécialisée en IA peuvent également développer des solutions.

Plateformes et ressources : des plateformes en ligne offrent des environnements de développement simplifiés et des ressources éducatives pour guider les utilisateurs à travers le processus de création d'applications d'IA.

Conséquences économiques : cette tendance peut potentiellement réduire les inégalités dans le domaine technologique et promouvoir une plus grande équité économique en permettant à des entrepreneurs de tous horizons de participer à l'économie numérique.

10.5 IA Éthique et durable : alignement sur les valeurs humaines

Principes directeurs : l'IA éthique et durable s'aligne sur des principes directeurs qui assurent que les technologies sont développées avec une considération pour leur impact à long terme sur les gens et la planète.

Cadres et Initiatives : Des cadres tels que les "AI for Good" de l'ONU soulignent l'importance de l'IA dans la réalisation des objectifs de développement durable, et des initiatives sectorielles promeuvent des pratiques d'IA responsables.

Innovation responsable : l'accent est mis sur l'innovation responsable qui équilibre les avantages de l'IA avec des considérations de justice sociale et environnementale, assurant que le progrès technologique ne vient pas au détriment de l'éthique ou de la durabilité.

Conclusion

Ces tendances émergentes en IA signalent une transition vers une ère où l'intelligence artificielle est plus intégrée, compréhensible et bénéfique pour la société dans son ensemble. Elles reflètent une maturité croissante dans le domaine de l'IA, où la technologie devient non seulement plus avancée mais aussi plus alignée avec les valeurs humaines et les besoins sociétaux. Ces tendances influencent la manière dont l'IA est conçue, régulée et déployée, et préparent le terrain pour des innovations futures qui sont centrées sur l'humain et respectueuses de notre environnement.

Ces histoires de l'IA explicative, démocratisée, et durable ne sont pas isolées; elles font partie d'une tendance plus large où l'IA rencontre la RSE, créant une synergie qui propulse l'innovation responsable. En explorant cette convergence, nous découvrirons comment l'IA n'est pas seulement un outil pour les affaires mais un catalyseur de bien social et environnemental

10.6 RSE comme moteur d'innovation en IA

10.6.1 Convergence IA-RSE : l'Innovation verte chez GreenHarvest

Imaginez un monde où l'agriculture ne se contente pas de nourrir la planète, mais la guérit. C'est l'histoire de GreenHarvest, une entreprise agro-technologique qui a intégré l'IA et la RSE au cœur de sa mission.

En utilisant des drones et des systèmes d'IA pour surveiller et analyser la santé des cultures, GreenHarvest a optimisé l'utilisation des ressources, minimisé les déchets et maximisé la production. Mais leur vision allait au-delà de la rentabilité. Chaque décision, de la sélection des semences aux techniques de culture, était guidée par la durabilité et l'impact social. En partenariat avec des agriculteurs locaux, ils ont développé des méthodes qui réduisaient la consommation d'eau et augmentaient la biodiversité. Les données collectées par l'IA n'étaient pas seulement utilisées pour améliorer les rendements, mais aussi pour préserver la terre pour les générations futures.

10.6.2 Partenariats stratégiques: TechForGood et FeedTheFuture

À l'autre bout du monde, une histoire similaire se déroulait, où la technologie et la compassion humaine se rencontraient. TechForGood, une entreprise de solutions technologiques, s'est associée à FeedTheFuture, une ONG dédiée à l'éradication de la faim. Ensemble, ils ont développé une plateforme d'IA qui analysait les données agricoles et climatiques pour prédire les pénuries alimentaires avant qu'elles ne deviennent des crises. En mobilisant les ressources rapidement et efficacement, cette IA a aidé à réduire les taux de famine dans plusieurs régions critiques. L'impact était clair : là où l'IA et la RSE se croisaient, des vies étaient non seulement améliorées mais sauvées. C'était une véritable co-innovation pour le changement social, où la technologie devenait un pont vers un avenir plus équitable.

Ces deux exemples démontrent le pouvoir de la RSE non seulement comme un principe éthique mais aussi comme un moteur d'innovation. Ils illustrent comment, lorsque l'IA est développée avec un objectif conscient, elle peut entraîner des progrès significatifs qui vont au-delà des bénéfices économiques et touchent le cœur même de ce que signifie être une entreprise responsable au XXIe siècle.

10.7 Stratégies de convergence IA-RSE

Intégration Stratégique : L'adoption d'une stratégie de convergence entre l'Intelligence Artificielle (IA) et la Responsabilité Sociétale des Entreprises (RSE) signifie aligner les innovations technologiques avec des objectifs éthiques, sociaux et environnementaux. Cela implique d'évaluer l'impact des solutions d'IA non seulement en termes de performance et de profitabilité mais aussi de leur contribution au bien-être social et au développement durable.

Responsabilité Étendue : Les entreprises reconnaissent leur rôle dans la création de technologies qui respectent les principes de RSE tels que l'équité, la transparence, et la durabilité. Cela se traduit par des investissements dans des technologies d'IA qui favorisent l'inclusion, la diversité et la protection de l'environnement.

Innovation Guidée par la RSE : Les principes de RSE deviennent des catalyseurs d'innovation, incitant les entreprises à développer des solutions d'IA qui répondent aux défis sociétaux comme la lutte contre la pauvreté, l'amélioration de l'accès à l'éducation, et la promotion de la santé publique.

10.8 Préparation d'une stratégie IA-RSE pour l'avenir

Collaboration Multi-Sectorielle : La RSE encourage les entreprises à établir des partenariats stratégiques avec des ONG, des institutions académiques, et d'autres acteurs du secteur privé. Ces collaborations visent à co-créer des solutions d'IA qui peuvent avoir un impact positif sur les communautés et l'environnement.

Co-Innovation pour le Changement Social : Les partenariats stratégiques exploitent la force collective pour innover en matière d'IA, en mettant l'accent sur des projets qui offrent des avantages sociaux, comme des algorithmes pour optimiser la distribution de l'aide en cas de catastrophe ou des plateformes d'IA pour la gestion durable des ressources.

Engagement avec les Parties Prenantes : Ces collaborations facilitent un dialogue direct avec les parties prenantes concernées, assurant que les projets d'IA sont bien ancrés dans la réalité des besoins sociaux et environnementaux et qu'ils sont développés de manière transparente et responsable.

Évaluation des Impacts de l'IA : Dans le secteur dynamique de la fintech, une entreprise pionnière, FinTrust, a développé un algorithme d'IA pour optimiser les offres de crédit. Tout semblait prometteur jusqu'à une analyse d'impact sociétal qui a révélé des inégalités involontaires dans les conditions de prêt proposées à différentes démographies. Les résultats étaient un choc, forçant FinTrust à repenser son IA. Ils ont organisé des tables rondes avec des experts en éthique et des représentants de la communauté pour évaluer les répercussions potentielles de leur technologie. En conséquence, FinTrust a ajusté ses modèles d'IA pour qu'ils soient plus équitables et a mis en place un comité d'éthique pour surveiller continuellement l'impact sociétal de ses produits.

Intégration de la RSE dans l'IA : EcoAI, une startup dans le domaine de l'énergie, a pris le parti de l'intégration des principes de RSE dès les premières étapes de développement de leur système d'IA. Leur projet ambitieux visait à optimiser la consommation d'énergie dans les bâtiments urbains. Les principes de RSE n'étaient pas de simples ajouts mais des éléments clés du processus de conception. Par exemple, ils ont inclus des mesures pour évaluer l'efficacité énergétique et l'empreinte carbone des solutions proposées par l'IA, et ont modifié leurs algorithmes pour favoriser les solutions durables, même si cela signifiait une réduction marginale de la rentabilité à court terme.

Formation et Engagement : TechGlobal, un géant de l'industrie technologique, a reconnu que l'innovation en IA devait aller de pair avec une compréhension profonde de la RSE. Ils ont lancé un programme de formation interne, l'Académie RSE-AI, pour éduquer leurs employés sur les enjeux éthiques, sociaux et environnementaux associés à l'IA. Les cours comprenaient des études de cas, des ateliers de réflexion sur des dilemmes éthiques, et des sessions avec des leaders d'opinion externes. L'objectif était de cultiver une culture où chaque employé se considère comme un acteur de l'innovation responsable.

Conclusion

La RSE comme moteur d'innovation en IA représente une nouvelle ère où la technologie est façonnée par une conscience aiguë de son impact sur la société et l'environnement. Elle encourage les entreprises à dépasser la poursuite du profit pour devenir des agents de changement positif, en utilisant l'IA pour créer une valeur durable et significative pour l'humanité. Les stratégies IA-RSE intégrées sont essentielles pour les entreprises visionnaires qui cherchent à innover de manière éthique et à construire un avenir où la technologie travaille harmonieusement au service du progrès social. Ce chapitre souligne la nécessité d'une approche holistique qui embrasse la convergence de l'IA et de la RSE pour naviguer dans le paysage technologique en mutation et répondre aux attentes croissantes des consommateurs, des régulateurs et de la société dans son ensemble

L'impact positif de GreenHarvest et TechForGood montre que lorsque la RSE est intégrée dans le développement de l'IA, les résultats peuvent transformer des industries et des communautés entières. Ces succès ne sont que le début. Pour assurer que l'IA continue à servir le bien commun, les entreprises doivent adopter des stratégies IA-RSE réfléchies. La section suivante détaille comment les entreprises peuvent s'y prendre pour élaborer ces stratégies, en veillant à ce que l'IA reste alignée avec nos valeurs et objectifs sociétau

Synthèse des idées clés

Interdépendance de l'IA et de la RSE : les chapitres précédents ont mis en lumière l'importance croissante de l'interconnexion entre l'Intelligence Artificielle (IA) et la Responsabilité Sociétale des Entreprises (RSE). Nous avons exploré comment l'IA est en train de devenir un outil puissant pour atteindre les objectifs de RSE, tout en reconnaissant que son développement doit être guidé par des considérations éthiques et sociales pour réaliser son plein potentiel.

Évolution et responsabilité : l'innovation en IA évolue rapidement, et avec elle, la responsabilité des entreprises de veiller à ce que ces technologies soient utilisées de manière bénéfique et responsable. Cela implique une approche réfléchie de la conception, du développement et de l'implémentation des systèmes d'IA, en veillant à ce qu'ils renforcent les objectifs de RSE tels que l'équité, l'inclusion, la durabilité et le respect de la vie privée.

Stratégie IA-RSE : les organisations sont appelées à intégrer stratégiquement la RSE dans leurs initiatives d'IA, en évaluant l'impact de leurs technologies sur toutes les parties prenantes et en s'engageant activement avec elles pour modeler des solutions d'IA qui répondent aux défis actuels et futurs.

Appel à l'Action pour les Professionnels de l'IA et de la RSE

Leadership éclairé : les professionnels de l'IA et de la RSE sont invités à prendre un rôle de leader dans la promotion d'une IA éthique et responsable. Cela comprend l'engagement dans des pratiques de développement durable, la promotion de la transparence et de l'équité, et la contribution à une économie numérique inclusive.

Innovation continue : il est essentiel de rester à la pointe de l'innovation technologique tout en s'assurant que l'innovation est alignée avec les valeurs humaines et environnementales. Les professionnels doivent continuer à apprendre et à s'adapter, en intégrant les dernières recherches et tendances dans leur travail.

11. Conclusion générale

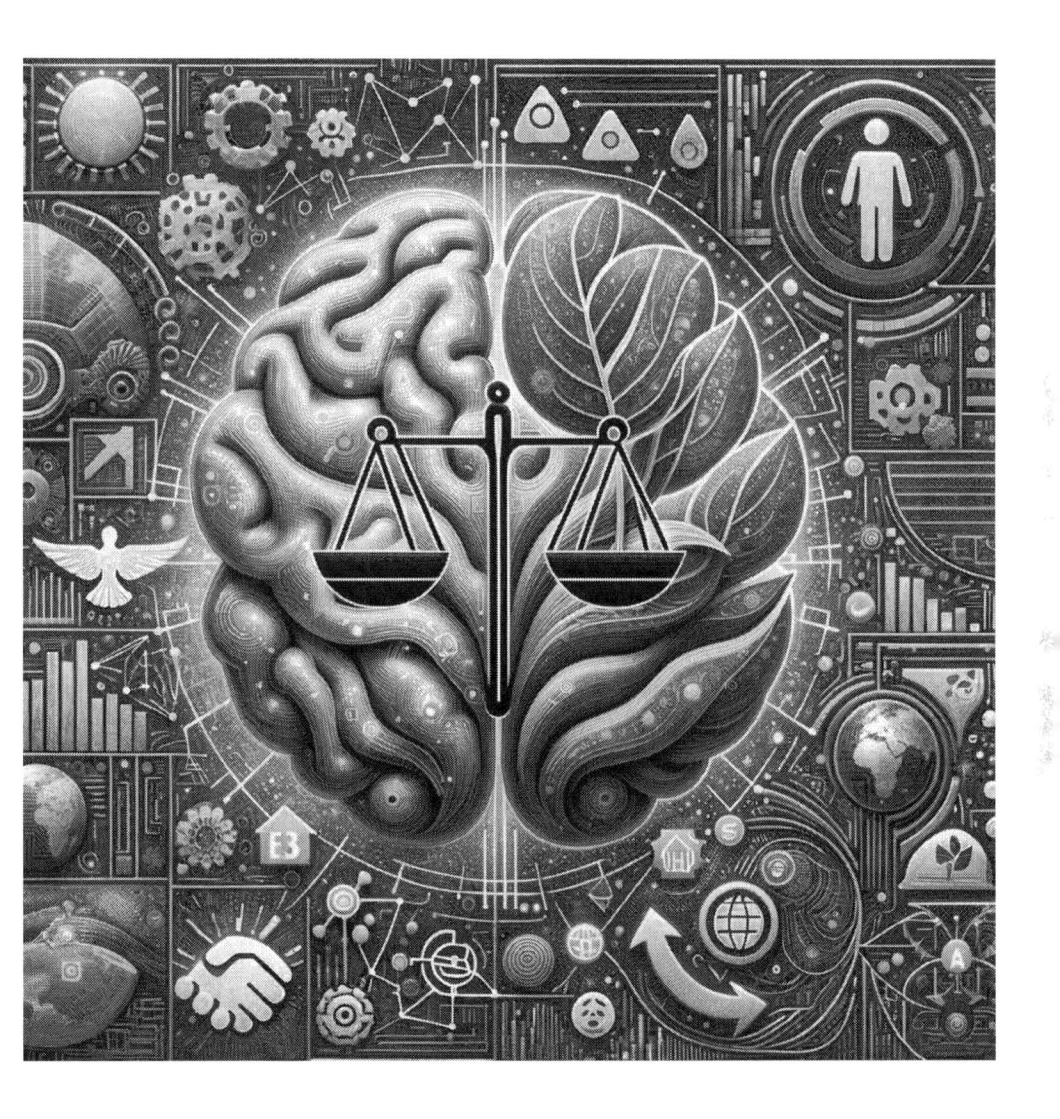

Alors que nous tournons la dernière page de cet ouvrage, une réflexion s'impose sur le voyage que nous avons entrepris à travers les méandres de l'intelligence artificielle, cette technologie révolutionnaire qui redéfinit les contours de notre existence. De l'automatisation à l'émotionnelle et à la génération de métavers, l'IA est devenue le prisme à travers lequel nous envisageons l'avenir, incarnant à la fois nos espoirs les plus audacieux et nos craintes les plus profondes.

Nous avons exploré la manière dont l'IA façonne le monde de l'assurance, introduisant une efficacité et une personnalisation sans précédent, tout en soulevant des questions éthiques essentielles. Nous avons traversé les paysages numériques des métavers, où les identités se construisent et se déconstruisent, et où les mondes virtuels proposent des opportunités d'interaction et de commerce innovantes. Nous avons décortiqué les complexités des NFTs, ces actifs numériques uniques qui bouleversent notre compréhension de la propriété et de la valeur dans l'espace numérique. Nous avons sondé les profondeurs des blockchains, ces ledgers immuables qui promettent transparence et sécurité, mais qui demandent encore à être apprivoisés par les cadres réglementaires et les principes de gouvernance. Et nous avons même entrepris le défi de comprendre l'intelligence émotionnelle et générative, témoignant de l'extraordinaire capacité de l'IA à non seulement penser mais aussi à ressentir.

Notre parcours nous a montré que chaque avancée technologique est une lame à double tranchant. L'efficacité et la créativité qu'offre l'IA doivent être équilibrées par une vigilance constante concernant la confidentialité, l'éthique et l'impact sociétal. Les métavers de recrutement révèlent le potentiel de l'IA à transformer le lieu de travail, mais posent aussi la question de la déshumanisation du processus de recrutement. Les NFTs ouvrent de nouvelles avenues pour les créateurs, mais risquent de dégrader l'art en une simple marchandise.

Dans cet esprit, nous sommes appelés à être des architectes prudents de notre avenir numérique. Les leçons tirées des divers secteurs et applications de l'IA dans ce livre nous incitent à adopter une approche holistique, embrassant la technologie pour son potentiel tout en restant ancrés dans les valeurs qui définissent notre humanité. La créativité et l'efficacité, les qualités clés de notre ère, ne doivent pas éclipser l'importance de l'intégrité, de la compassion et de la responsabilité collective.

Au seuil d'une nouvelle ère, cet ouvrage n'est pas une conclusion mais un commencement, une invitation à façonner un avenir où la technologie et l'humanité avancent de concert. Que les pages qui ont précédé servent de boussole pour naviguer dans l'inconnu, guidés par une étoile inébranlable : le respect de l'individu dans l'abstraction grandissante de notre monde numérique.

12. Exercices interactifs et leurs solutions

12.1 Objectifs pédagogiques

L'objectif principal des exercices interactifs est d'engager activement les lecteurs dans l'apprentissage des concepts clés de l'IA et de la RSE. Ces exercices sont conçus pour :

Renforcer la compréhension : aider les lecteurs à assimiler et à appliquer les connaissances acquises à travers des scénarios pratiques.

Développer des Compétences Critiques : Encourager la pensée critique, la résolution de problèmes et la prise de décision éthique à travers des mises en situation réalistes.

Faciliter l'Apprentissage Expérientiel : Offrir une expérience d'apprentissage par la pratique qui complète la théorie abordée dans le texte.

12.2 Types d'exercices proposés

Études de cas : des scénarios détaillés où les lecteurs doivent naviguer dans des situations complexes liées à l'IA et la RSE, en prenant des décisions basées sur les meilleures pratiques et les principes éthiques.

Quiz : des questions à choix multiples et à réponse ouverte pour tester la compréhension des sujets traités.

Simulations : des activités interactives qui simulent des environnements d'IA pour expérimenter avec des variables et observer les résultats.

Jeux de rôle : des scénarios où les lecteurs assument différents rôles dans des situations liées à l'IA et la RSE, permettant de voir les perspectives multiples et les dynamiques impliquées dans les prises de décision.

12.3 Exercice 1 : étude de Cas - IA pour l'équité en santé

Contexte: Une entreprise de technologie de la santé souhaite développer une application d'IA qui aidera à diagnostiquer les maladies de la peau en utilisant le machine learning et des images de la peau. Cependant, il est connu que la majorité des ensembles de données disponibles sont constitués d'images de patients à la peau claire, ce qui peut entraîner un biais et une efficacité réduite pour les patients à la peau foncée.

Tâche: En tant que responsable de l'équipe d'IA, proposez une stratégie pour éviter les biais dans votre application.

Questions pour l'Étude de Cas:

Quelles mesures prendriez-vous pour collecter un ensemble de données équilibré ?

Comment vérifieriez-vous l'efficacité de l'IA sur différents types de peau ?

Quelles sont les implications éthiques et les risques potentiels de la mise sur le marché d'un produit biaisé ?

12.4 Exercice 2 : quiz sur la RSE et l'IA

Quelle réglementation est essentielle pour la protection des données personnelles dans l'Union européenne ?

a) Patriot Act

b) RGPD

c) CCPA

Quel est un principe fondamental de la RSE en IA ?

a) Profitabilité maximale

b) Transparence totale

c) Minimisation des coûts

Quelle méthode de chiffrement permet des opérations sur des données chiffrées sans les déchiffrer ?

a) Chiffrement RSA

b) Chiffrement homomorphique

c) Chiffrement AES

Solution:

b) RGPD

b) Transparence totale

b) Chiffrement homomorphique

12.5 Exercice 3 : simulation - Gestion de Crise IA

Scénario: Vous utilisez un système d'IA pour gérer la logistique dans une entreprise de fabrication. Un audit interne a révélé que l'IA a été programmée pour prioriser les commandes provenant de régions spécifiques, entraînant un service inégal et des plaintes de discrimination.

Tâche: Simulez une réunion de crise pour gérer cette situation.

Questions pour la Simulation:

Quelles actions immédiates prenez-vous pour corriger le biais de l'IA ?

Comment communiquez-vous avec les clients affectés et le public ?

Quels changements à long terme apportez-vous pour éviter la récurrence de telles situations ?

12.6 Exercice 4: Jeu de Rôle - Négociation de Partenariat

Contexte: Votre entreprise d'IA envisage un partenariat avec une ONG pour développer une IA qui aide à la distribution de ressources dans les zones de catastrophe.

Rôles:

Directeur de l'IA

Représentant de l'ONG

Expert en RSE

Responsable des données

Tâche: Jouez chacun de ces rôles dans une négociation pour déterminer comment le partenariat fonctionnera.

Questions pour le Jeu de Rôle:

Quels sont les objectifs de chaque partie ?

Comment les données seront-elles utilisées et protégées ?

Quels sont les critères de succès du partenariat ?

13. INTERVIEW AVEC EMMANUEL MOYRAND, EXPERT EN IA ET ÉTHIQUE

Interviewer: Bonjour Emmanuel merci de nous rejoindre. Pour commencer, pourriez-vous nous dire comment vous voyez l'évolution de l'IA dans le contexte de la RSE ?

Emmanuel Bonjour et merci de m'avoir. L'IA est un outil puissant et son évolution est fascinante. Dans le contexte de la RSE, je vois l'IA comme un levier de changement positif. Les entreprises commencent à réaliser que l'IA peut aider à atteindre des objectifs sociaux et environnementaux, tout en créant de la valeur pour les actionnaires. L'avenir de l'IA est celui où l'éthique est intrinsèquement liée à l'innovation.

Interviewer: Vous mentionnez l'éthique, quel rôle joue-t-elle concrètement dans le développement de l'IA ?

Emmanuel: L'éthique doit être le fondement sur lequel repose toute innovation en IA. Cela va de la conception de systèmes non biaisés et transparents à l'assurance que l'IA ne renforce pas les inégalités existantes. L'objectif est de créer des solutions qui respectent la dignité et les droits de tous les individus.

Interviewer: Quels conseils donneriez-vous aux futurs professionnels qui souhaitent intégrer l'IA et la RSE dans leur carrière ?

Emmanuel Mon principal conseil serait de rester curieux et engagé. Apprenez autant que vous pouvez sur les aspects techniques de l'IA, mais aussi sur les implications sociales et environnementales de la technologie. Et surtout, n'ayez pas peur de poser des questions difficiles sur l'impact de votre travail. La RSE n'est pas un simple ajout à votre travail avec l'IA, elle doit en être une partie intégrante.

Interviewer: Quelles sont les opportunités pour les entreprises d'utiliser l'IA pour renforcer leurs engagements en matière de RSE ?

Emmanuel Les opportunités sont vastes. De l'utilisation de l'IA pour optimiser la chaîne d'approvisionnement dans un souci de durabilité, à l'analyse de données pour améliorer l'équité sur le lieu de travail. Les entreprises peuvent également utiliser l'IA pour développer des solutions qui répondent aux problèmes sociaux urgents, comme la faim ou l'accès à l'éducation.

Interviewer: Pour conclure, comment voyez-vous l'impact de l'IA sur la société dans les dix prochaines années ?

Emmanuel Je suis optimiste. Je crois que si nous restons vigilants sur les questions éthiques et déterminés à utiliser l'IA de manière responsable, son impact sera profondément positif. L'IA a le potentiel d'améliorer la qualité de vie, de réduire les inégalités et de nous aider à relever certains de nos défis environnementaux les plus difficiles. Tout est une question de perspective et d'engagement.

Interviewer: Merci Emmanuel pour ces perspectives éclairantes.

14. REFERENCES ET SOURCES

Références et Sources :

"Artificial Intelligence: A Modern Approach" par Stuart Russell et Peter Norvig

"Life 3.0: Being Human in the Age of Artificial Intelligence" par Max Tegmark

Section 2: Histoire de l'IA

Références et Sources :

"The Quest for Artificial Intelligence: A History of Ideas and Achievements" par Nils J. Nilsson

Archive de l'Association for the Advancement of Artificial Intelligence (AAAI)

Section 3: Apprentissage Machine

Références et Sources :

"Pattern Recognition and Machine Learning" par Christopher M. Bishop

Journal of Machine Learning Research (JMLR)

Section 4: Deep Learning

Références et Sources :

"Deep Learning" par Ian Goodfellow, Yoshua Bengio et Aaron Courville

Conférences et ateliers Neural Information Processing Systems (NeurIPS)

Section 5: Traitement Automatique du Langage Naturel (TALN)

Références et Sources :

"Speech and Language Processing" par Dan Jurafsky et James H. Martin

Association for Computational Linguistics (ACL)

Section 6: Impact de l'IA sur la Société

Références et Sources :

Rapports de McKinsey Global Institute sur l'impact de l'IA sur l'économie mondiale.

"AI Superpowers: China, Silicon Valley, and the New World Order" par Kai-Fu

Made in the USA
Columbia, SC
29 October 2024